DIE HÖLLE

Dr. Jaerock Lee

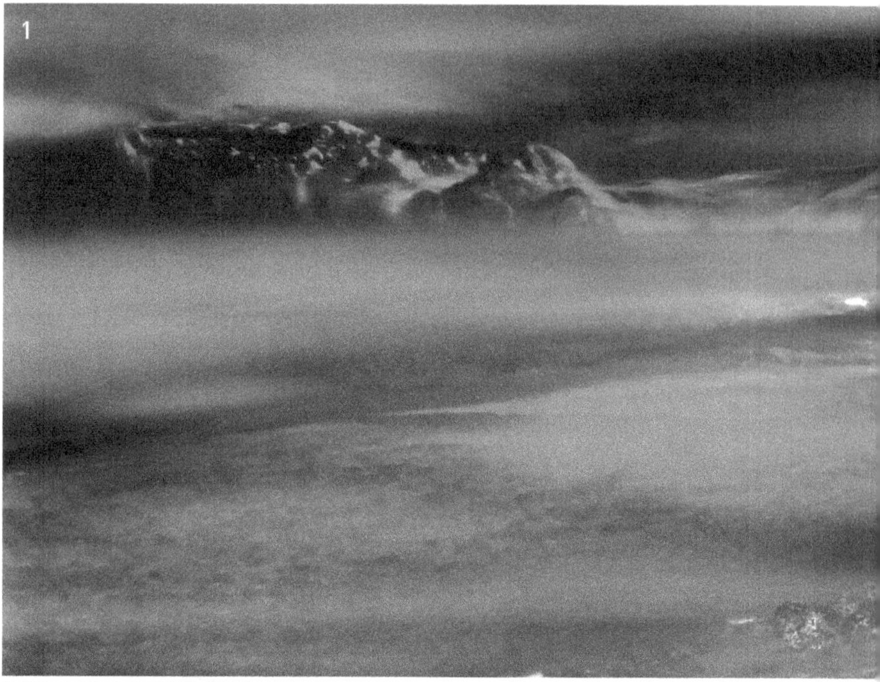
1

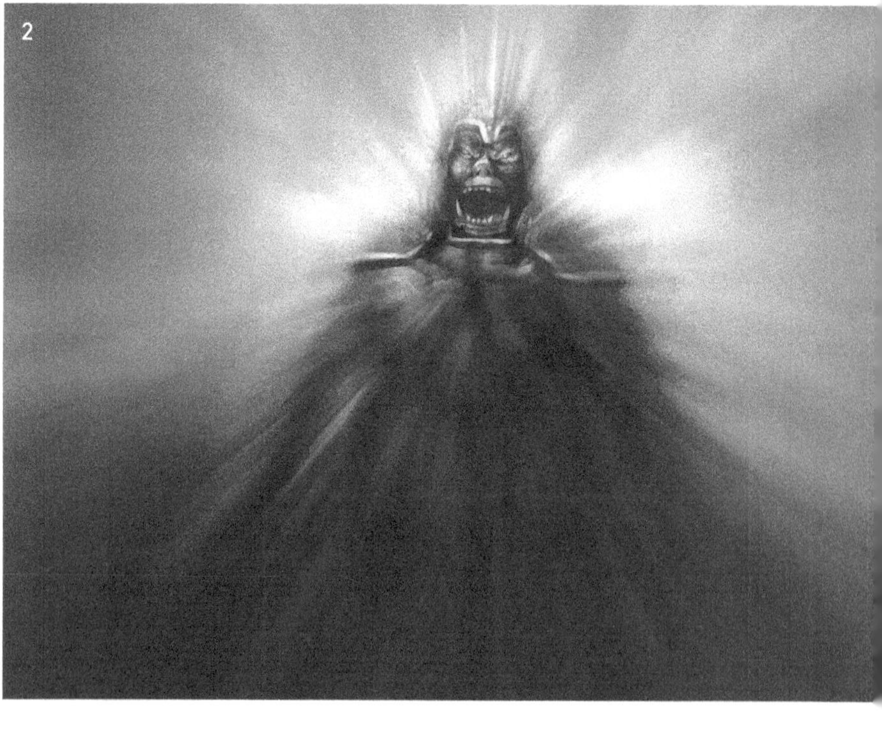
2

1   Diesen riesigen Fluss bildet das Blut, das von einer großen Schar von nicht erretteten Seelen, die schrecklich gequält werden, fließt.

2   Die unbeschreiblich hässlichen Boten der Hölle haben Gesichter, die entweder Menschen und verschiedenen grausig aussehenden, unreinen Tieren.

3   Am Ufer des Flusses aus Blut sind viele Kinder im Alter von 6 Jahren bis zur Pubertät, die Qualen leiden. Je schlimmer sie gesündigt haben, desto tiefer stecken ihre Leiber im Schlamm und desto näher befinden sie sich am Fluss aus Blut.

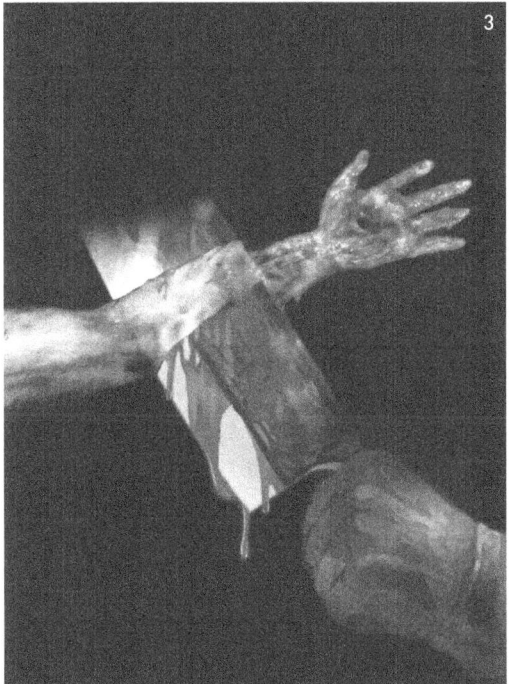

1 Ein stinkender Pool aus Abwasser ist voller grusliger Insekten; sie nagen an den Leibern der Seelen, die im Pool eingeschlossen sind. Die Insekten stechen sie in ihren Leib und durchbohren ihre Bauchdecke.

2,3 Von kleinen Dolchen bis hin zu Äxten bereitet ein furchtbar hässlicher Bote in Gestalt eines Schweins eine große Spannbreite an Folterinstrumenten vor. Der Höllenbote schneidet die Leiber von Seelen, die an einen Baum gebunden sind, in Scheiben.

Ein brennender Pott ist mit einer schrecklich stinkenden, kochenden Flüssigkeit gefüllt. Die Seelen der Verdammten - ein Ehepaar - werden einer nach dem anderen in den Pott eingetaucht. Während eine Seele gequält wird, fleht die andere, dass die Bestrafung des anderen verlängert wird.

Mit offenem Mund und gefletschten Zähnen jagen unzählige kleine Insekten die Seelen, die die Kippen hochklettern. Die verängstigten Seelen sind sofort mit Insekten übersät und fallen auf den Boden.

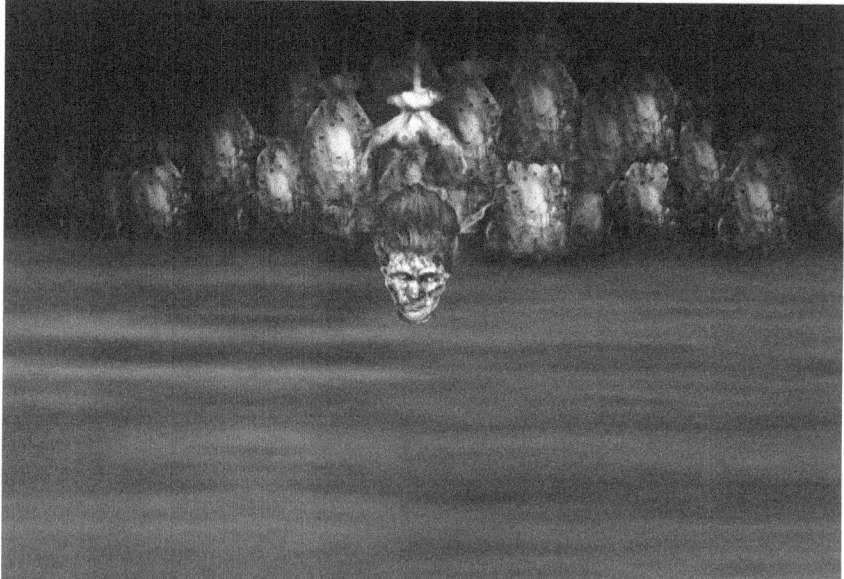

Unzählige, gespenstisch aussehende schwarze Köpfe derer die dem folgten, der Gott widerstand, beißen den Leib des Rebellen überall mit scharfen Zähnen. Diese Qualen sind noch schlimmer als die von denen, die von Insekten angenagt oder von anderen Tieren zerrissen werden.

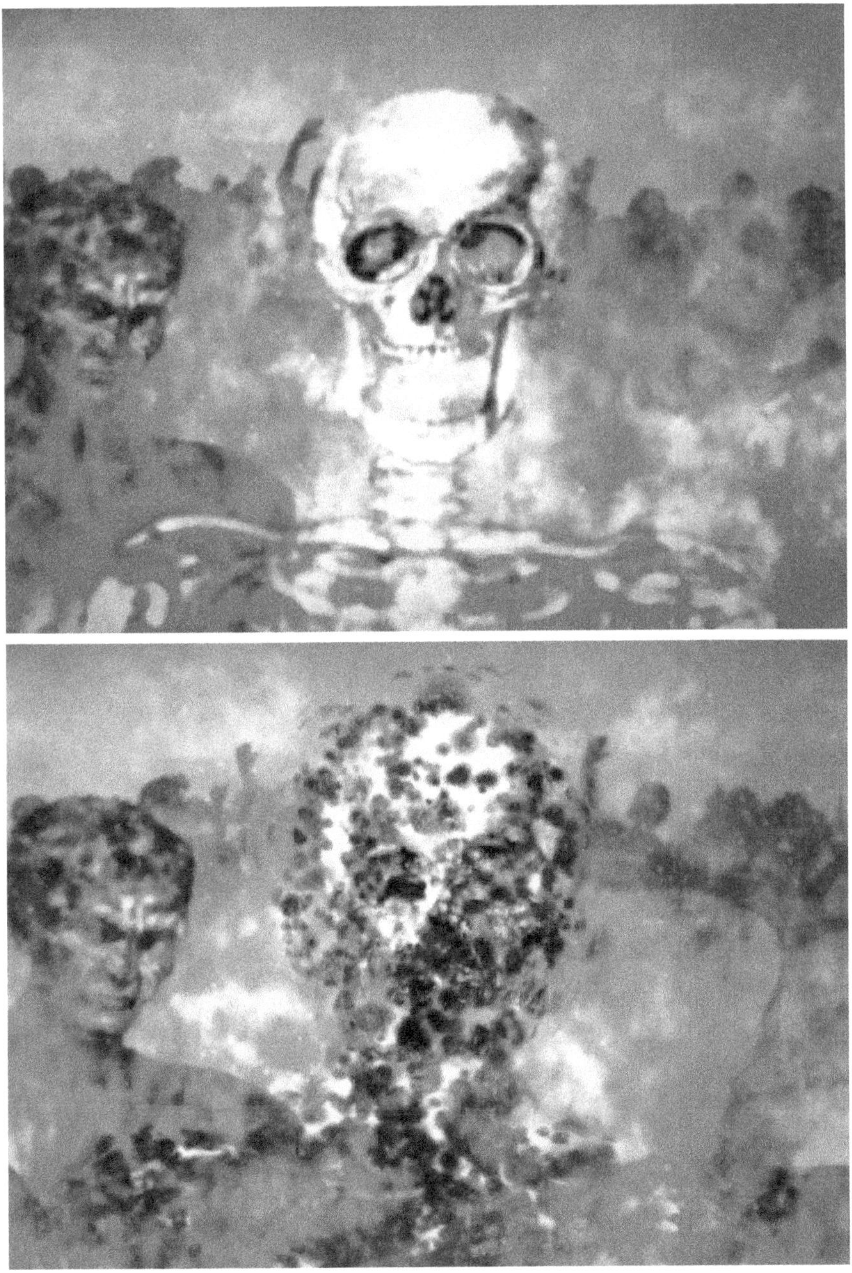

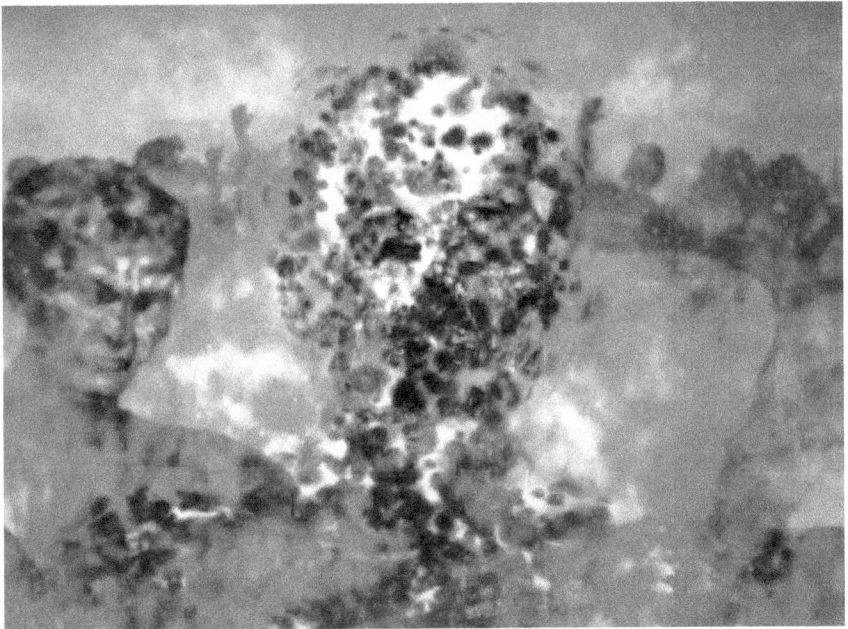

Die Seelen, die in den See aus Feuer geworfen werden, springen vor Schmerzen und schreien sehr laut. Ihre Augen sind schrecklich blutunterworfen, ihr Gehirn platzt und Flüssigkeiten strömen heraus.

Stellen Sie sich vor, jemand soll eine Flüssigkeit trinken, die aus geschmolzenem Eisen aus dem Hochofen besteht; sie verbrennt seine inneren Organe. Die Seelen derer, die in den See aus brennendem Schwefel geworfen werden, können nicht stöhnen oder denken, aber sie werden von Schmerzen gequält.

„Es geschah aber, dass der Arme starb
und von den Engeln in Abrahams Schoß getragen wurde.
Es starb aber auch der Reiche und wurde begraben.
Und als er im Hades seine Augen aufschlug und in Qualen war,
sieht er Abraham von weitem und Lazarus in seinem Schoß.
Und er rief und sprach: Vater Abraham, erbarme dich meiner
und sende Lazarus, dass er die Spitze seines Fingers ins
Wasser tauche und meine Zunge kühle! Denn ich leide Pein
in dieser Flamme. Abraham aber sprach:
Kind, gedenke, dass du dein Gutes völlig empfangen hast
in deinem Leben und Lazarus ebenso das Böse;
jetzt aber wird er hier getröstet, du aber leidest Pein.
Und zu diesem allen ist zwischen uns
und euch eine große Kluft festgelegt, damit die,
welche von hier zu euch hinübergehen wollen, es nicht können,
noch die, welche von dort zu uns herüberkommen wollen.
Er sprach aber: Ich bitte dich nun, Vater,
dass du ihn in das Haus meines Vaters sendest,
denn ich habe fünf Brüder, dass er ihnen eindringlich Zeugnis ablege,
damit sie nicht auch an diesen Ort der Qual kommen!
Abraham aber spricht: Sie haben Mose und die Propheten.
Mögen sie die hören! Er aber sprach: Nein, Vater Abraham,
sondern wenn jemand von den Toten zu ihnen geht,
so werden sie Buße tun. Er sprach aber zu ihm:
Wenn sie Mose und die Propheten nicht hören,
so werden sie auch nicht überzeugt werden,
wenn jemand aus den Toten aufersteht."

Lukas 16, 22-31

DIE HÖLLE

DIE HÖLLE

Dr. Jaerock Lee

Die Hölle von Dr. Jaerock Lee
Veröffentlicht von Urim Books (Vertreten durch Seongkeon Vin)
235-3, Guro-dong 3, Guro-gu, Seoul, Korea
www.urimbooks.com

Alle Bibelzitate wurden, sofern nicht anders gekennzeichnet, der Revidierten Elberfelder Bibel, R. Brockhaus Verlag, Wuppertal, 10. Auflage 1998, entnommen.

Urheberrecht © 2012 Dr. Jaerock Lee
ISBN: 978-89-7557-578-5
Urheberrecht der Übersetzung © 2007 Dr. Esther K. Chung.

Ursprünglich 2002 auf Koreanisch veröffentlicht von Urim Books, Seoul, Korea

Erste Ausgabe: März 2008
Zweite Auflage: Mai 2012

Herausgegeben von Dr. Geumsun Vin
Übersetzt von Dagmar Schulzki
Design: Redaktionsbüro von Urim Books Für
weitere Informationen: urimbook@hotmail.com

Vorwort

Ich hoffe, dass durch dieses Buch noch viel mehr Menschen die Liebe Gottes erfahren und unzählige Seelen in die Herrlichkeit des Himmels geführt werden, denn Gott will, dass alle Menschen erlöst werden...

Wenn die Menschen heute von Himmel und Hölle hören, winken die meisten von ihnen ab und sagen: „Wie kann ich in dieser zivilisierten Welt, in der die Wissenschaft so weit fortgeschritten ist, an so etwas glauben?" oder: „Darüber weiß man erst Bescheid, wenn man gestorben ist."

Doch es ist wichtiger als alles andere, dass du bereits zu deinen Lebzeiten die Gewissheit darüber erlangst, dass es für dich ein Leben nach dem Tod gibt. Wenn du deinen letzten Atemzug tust, ist es zu spät. Danach wirst du nie mehr die Möglichkeit haben, das Leben nach dem Tod zu erfahren, denn dann erwartet dich nur noch Gottes Gericht, in dem du erntest, was du in dieser Welt gesät hast.

Bereits in der Bibel spricht Gott vom Weg der Erlösung, von der Existenz von Himmel und Hölle und von seinem Gericht, das kommen wird. Sowohl durch die Propheten im Alten Testament als auch durch Jesus wurden viele wunderbare Werke von Gottes Kraft offenbart.

Und auch heute noch zeigt Gott uns, dass er lebendig ist und dass die Bibel wahr ist, indem er Zeichen und Wunder tut, wie sie von seinen treusten Dienern in seinem Wort aufgeschrieben wurden. Doch obwohl es vielfältige Beweise für Gottes Wirken gibt, glauben viele Menschen nicht an ihn. Deshalb hat Gott einigen seiner Kinder Einblick in den Himmel und in die Hölle gewährt und sie ermutigt, von allem, was sie dort gesehen haben, in der ganzen Welt Zeugnis zu geben.

Der Gott der Liebe hat auch mir den Himmel und die Hölle in allen Einzelheiten offenbart und mich gedrängt, auf der ganzen Erde die Botschaft zu verbreiten, dass die zweite Ankunft von Christus sehr nahe bevorsteht.

Als ich meiner Gemeinde von den elenden und abscheulichen Szenen im Hades, der zur Hölle gehört, berichtete, sah ich, wie viele von ihnen vor Kummer zitterten und um die Seelen weinten, die auf so schreckliche und grausame Weise im Hades bestraft werden.

Seelen, die nicht errettet sind, bleiben nur so lange im Hades, bis das Gericht vor dem großen weißen Thron stattfindet. Nach dem Gericht fallen die unerretteten Seelen entweder in den Feuersee oder in den Schwefelsee. Die Bestrafung im Feuersee oder im See mit brennendem Schwefel ist sehr viel härter als die Bestrafung im Hades.

Was ich hier schreibe, hat Gott mir durch das Wirken des Heiligen Geistes, das auf dem Wort Gottes in der Bibel gegründet ist, offenbart. Man kann dieses Buch als eine Botschaft der aufrichtigen Liebe unseres Gottes, des Vaters, bezeichnen, der so viele Menschen wie möglich von der Sünde erretten will, indem er sie *im voraus* wissen lässt, welches nie endende Elend sie in der Hölle erwartet.

Gott hat seinen eigenen Sohn dafür hingegeben, am Kreuz zu sterben, damit alle Menschen gerettet werden. Er will jede einzelne Seele davor bewahren, in die schreckliche Hölle zu kommen. Gott erachtet eine Seele als kostbarer als die ganze Welt. Deshalb ist es für Gott ein Anlass zu größter Freude, wenn eine Seele im Glauben gerettet wird, und er feiert dieses Ereignis mit den himmlischen Heerscharen und den Engeln.

Alle Herrlichkeit und all mein Dank gebührt Gott, der mich dazu angeleitet hat, dieses Buch zu veröffentlichen. Ich hoffe, dass du lernst, sein Herz zu verstehen und dass du wahren Glauben erlangst. Gott will nicht, dass auch nur eine einzige Seele in der Hölle endet. Und ich bitte dich eindringlich, das Evangelium all denen zu verkünden, deren Seele auf dem Weg in die Hölle ist.

Ich danke auch Urim Books und seinen Mitarbeitern, insbesondere Geumsun Vin, der Leiterin des Redaktionsbüros. Ich hoffe, dass alle Leser erkennen, dass es das ewige Leben nach dem Tod und Gottes Gericht tatsächlich gibt und vollkommene Erlösung erlangen.

Jaerock Lee

Einleitung

Ich bete, dass unzählige Seelen das Elend der Hölle begreifen, Buße tun, sich vom Weg des Todes abwenden und errettet werden...

Der Heilige Geist inspirierte Dr. Jaerock Lee, den Hauptpastor der Manmin Joong-ang Gemeinde, sich intensiv mit dem Leben nach dem Tod und der schrecklichen Hölle zu beschäftigen. In diesem Buch sind die Botschaften über die Hölle zusammengefasst, damit möglichst viele Menschen ein klares Bild von der Hölle bekommen. Mein ganzer Dank und aller Ruhm gebührt Gott.

Viele Menschen in unserer heutigen Zeit sind neugierig, was es mit dem Leben nach dem Tod auf sich hat, doch mit unseren begrenzten Fähigkeiten ist es uns unmöglich, darauf eine Antwort zu erhalten. Dieses Buch ist ein lebendiger und verständlicher Bericht über die Hölle, die uns teilweise in der Bibel offenbart wird.

Kapitel 1 – „**Gibt es den Himmel und die Hölle wirklich?**" – schildert den Aufbau von Himmel und Hölle. Anhand des Gleichnisses vom reichen Mann und dem armen Lazarus in Lukas 16 werden das Totenreich, wo die geretteten Seelen aus alttestamentlicher Zeit warteten, und der Hades, wo die nicht geretteten Seelen bis zum Tag des Gerichts gequält werden, erklärt.

Kapitel 2 – „**Erlösung für die Menschen, die nie das Evangelium gehört haben**" – geht es um die Beurteilung des Gewissens. Es wird beschrieben, nach welchen Kriterien das Gericht in bestimmten Fällen abgehalten wird, beispielsweise für Föten, die durch Abtreibung oder Fehlgeburt getötet wurden, für Kinder von der Geburt bis zum Alter von fünf Jahren und für Kinder vom sechs bis etwa zwölf Jahren.

Kapitel 3 – „**Der Hades und die Identität der Botschafter der Hölle**" – beschäftigt sich mit dem Vorort des Hades. Dort bleiben ungerettete Menschen nach ihrem Tod drei Tage lang. Dann werden sie – entsprechend der Schwere ihrer Sünden – an verschiedene Orte im Hades gebracht und dort bis zum Tag des Gerichts vor dem großen weißen Thron auf grausame Weise gequält. Außerdem wird in diesem Kapitel die Identität der Botschafter der Hölle erklärt.

Kapitel 4 – „**Die Bestrafung im Hades für nicht gerettete Kinder**" – bezeugt, dass auch manche unreife Kinder, die noch nicht in der Lage sind, richtig und falsch zu unterscheiden, nicht gerettet werden. Den Kindern werden, je nach ihrem Alter, verschiedene Strafen auferlegt. Es gibt Strafen für Föten und Säuglinge, für Kleinkinder, für Kinder im Alter von drei bis fünf und für Kinder im Alter von sechs bis zwölf Jahren.

Kapitel 5 – „**Die Bestrafung für Menschen, die nach der Pubertät sterben**" – erläutert die Bestrafung für Menschen, die die Adoleszenz überschritten haben. Die Strafen für alle über etwa dreizehn Jahren sind in vier Stufen gegliedert. Je nach der Schwere ihrer Sünden wird ihnen die entsprechende Stufe zugeteilt. Je schwerwiegender die Sünden der Menschen sind, umso härter werden sie bestraft.

Kapitel 6 – „**Die Bestrafung für das Lästern des Heiligen Geistes**" – erinnert den Leser daran, dass es, wie in der Bibel geschrieben steht, bestimmte Sünden gibt, die nicht vergeben werden können und für die man keine Buße tun kann. Außerdem werden in diesem Kapitel anhand detaillierter Beispiele verschiedene Arten von Strafen beschrieben.

Kapitel 7 – „**Erlösung während der großen Bedrängnis**" –

weist uns nachdrücklich darauf hin, dass wir am Ende des Zeitalters leben und die Ankunft des Herrn sehr nahe ist. Dieses Kapitel geht ausführlich auf die Ankunft Christi ein und erklärt, dass die Menschen, die während der großen Bedrängnis zurückbleiben, nur noch durch den Märtyrertod erlöst werden können. Es drängt dich auch dazu, dich als Braut für den Herrn Jesus vorzubereiten, damit du an dem siebenjährigen Hochzeitsmahl teilnehmen kannst und nach der Verzückung nicht zurückbleibst.

Kapitel 8 – „Die Bestrafungen in der Hölle nach dem großen Gericht" – führt aus, wie das Gericht am Ende des tausendjährigen Reichs aussieht. Es beschreibt, wie nicht gerettete Seelen vom Hades in die Hölle kommen und welche Strafen ihnen dort auferlegt werden. Außerdem geht dieses Kapitel auf die Bestimmung der bösen Geister und ihre Bestrafung ein.

Kapitel 9 – „Warum musste der Gott der Liebe die Hölle bereiten?" – beleuchtet Gottes große und überfließende Liebe, die er durch das Opfer seines einzigen Sohnes demonstriert hat. Dieses letzte Kapitel erläutert ausführlich, warum der Gott der Liebe die Hölle bereiten musste.

Die Hölle will dir auch dabei helfen, die Liebe Gottes besser zu verstehen. Gott will, dass alle Menschen erlöst werden und im Glauben stets wachsam bleiben. Das Buch schließt mit der dringenden Bitte an dich, so viele Seelen wie möglich auf den Weg der Erlösung zu führen.

Gott ist voller Barmherzigkeit und Mitleid, und er ist die Liebe selbst. Mit dem Herzen eines Vaters, der auf die Rückkehr seines verlorenen Sohnes wartet, wartet Gott darauf, dass alle verlorenen Seelen ihre Sünden abwerfen und erlöst werden.

Deshalb hoffe ich aufrichtig, dass unzählige Menschen auf der ganzen Welt erfahren, dass es die Hölle wirklich gibt, und sich schnell wieder Gott zuwenden. Im Namen Jesu Christi bete ich auch dafür, dass alle, die an den Herrn glauben, wachsam bleiben und so viele Menschen wie möglich in den Himmel führen.

Geumsun Vin
Chefredakteurein

Inhaltsverzeichnis

Kapitel 1

Gibt es den Himmel und die Hölle wirklich?

Himmel und Hölle existieren

Das Gleichnis vom reichen Mann und dem armen Lazarus

Der Aufbau von Himmel und Hölle

Der Vorhimmel und das Paradies

Der Hades, die Vorstufe der Hölle

*„Er aber antwortete und sprach zu ihnen: Weil
euch gegeben ist, die Geheimnisse des Reiches der
Himmel zu wissen, jenen aber ist es nicht gegeben."*
- Matthäus 13,11 -

*„ Und wenn dein Auge dir Anlass zur Sünde gibt, so
wirf es weg! Es ist besser für dich, einäugig in das
Reich Gottes hineinzugehen, als mit zwei Augen in
die Hölle geworfen zu werden."*
- Markus 9:47 -

Die meisten unserer Mitmenschen fürchten sich vor dem Tod. Sie leben in ständiger Angst um ihr Leben. Dennoch suchen sie Gott nicht, weil sie nicht an das Leben nach dem Tod glauben. Auch viele Menschen, die ihren Glauben an Christus bekennen, schaffen es nicht, im Glauben zu leben. Sie sind so töricht, dass sie zweifeln und nicht an das Leben nach dem Tod glauben, obwohl Gott uns in der Bibel einiges über das Leben nach dem Tod und über den Himmel und die Hölle offenbart hat.

Das Leben nach dem Tod ist eine unsichtbare geistliche Welt. Deshalb können die Menschen sie nicht begreifen, es sei denn, Gott erlaubt es ihnen. Wie in der Bibel immer wieder zu lesen ist, existieren Himmel und Hölle tatsächlich. Deshalb schenkt Gott vielen Menschen überall auf der Welt Einblicke in den Himmel und die Hölle und lässt sie ihre Offenbarungen in allen Winkeln der Erde verkünden.

„Himmel und Hölle existieren tatsächlich.“

„Der Himmel ist ein schöner und faszinierender Ort, während die Hölle ein unvorstellbar düsterer und schrecklicher Ort ist. Ich dränge dich inständig, an das Leben nach dem Tod zu glauben.“

„Es liegt an dir, ob du in dem Himmel oder in die Hölle kommst. Um nicht in die Hölle zu kommen, solltest du sofort für all deine Sünden Buße tun und Jesus Christus annehmen.“

„Natürlich gibt es die Hölle. Das ist der Ort, wo die Menschen

3

für immer und ewig im Feuer leiden. Es ist auch wahr, dass es den Himmel gibt. Der Himmel kann auf Dauer dein Zuhause sein."

Seit Mai 1984 erklärt der Gott der Liebe mir den Himmel. Seit März 2000 erläutert er mir auch die Hölle in allen Einzelheiten. Er bat mich, das, was ich über den Himmel und die Hölle gelernt hatte, in der ganzen Welt zu verkünden, damit auch nicht eine Seele im Feuersee oder im See mit brennendem Schwefel bestraft wird.

Gott zeigte mir einmal eine Seele, die voller Reue im Hades litt und klagte. Der Hades ist der Ort, wo all diejenigen, die für die Hölle bestimmt sind, in Todesqualen warten. Obwohl diese Seele das Evangelium viele Male gehört hatte, weigerte sie sich, den Herrn anzunehmen und kam deshalb nach ihrem Tod in den Hades. Hier ist ihr Bekenntnis:

Ich zähle die Tage.
Ich zähle, zähle und zähle, doch sie sind endlos.
Ich hätte versuchen sollen, Jesus Christus anzunehmen
als sie mir von ihm erzählten.
Was soll ich jetzt tun?

Es ist vollkommen zwecklos, wenn ich jetzt Reue empfinde.
Ich weiß nicht, was ich jetzt tun soll.
Ich will diesem Leiden entfliehen,
doch ich weiß nicht, was ich tun soll.

4

Ich zähle einen Tag, zwei Tage und drei Tage.
Doch auch wenn ich die Tage zähle,
weiß ich jetzt, dass es keinen Zweck hat.
Es zerreißt mein Herz.
Was soll ich tun? Was soll ich tun?
Wie kann ich dieser furchtbaren Qual entkommen?
Was soll ich tun, oh meine arme Seele?
Wie kann ich all das ertragen?

Himmel und Hölle existieren

In Hebräer 9, 27 heißt es: *„Und wie es den Menschen bestimmt ist, einmal zu sterben, danach aber das Gericht…."* Alle Männer und Frauen sind dazu bestimmt zu sterben, und wenn sie ihren letzten Atemzug getan haben, treten sie nach dem Gericht in den Himmel oder in die Hölle ein.

Gott will, dass jeder in den Himmel kommt, weil er Liebe ist. Gott hatte Jesus Christus bereits vorgesehen, bevor die Zeit begann, und er hat die Tür für die Erlösung der Menschen geöffnet, als die Zeit reif dafür war. Gott will nicht, dass auch nur eine einzige Seele in die Hölle fällt.

In Römer 5, 7-8 lesen wir: *„Denn kaum wird jemand für einen Gerechten sterben; denn für den Gütigen möchte vielleicht jemand auch zu sterben wagen. Gott aber erweist seine Liebe zu uns darin, dass Christus, als wir noch Sünder waren, für uns gestorben ist."* Gott hat seine Liebe zu uns demonstriert, indem er seinen einzigen Sohn nicht schonte, sondern ihn für uns hingab.

Die Tür der Erlösung steht weit offen, sodass jeder, der Jesus Christus als seinen persönlichen Retter annimmt, gerettet wird und in den Himmel eintritt. Dennoch haben die meisten Menschen kein Interesse an Himmel und Hölle, auch wenn sie davon hören. Mehr noch, viele von ihnen verfolgen sogar die Menschen, die das Evangelium verbreiten.

Doch die traurigste Tatsache besteht darin, dass Menschen, die von sich behaupten, an Gott zu glauben, die Welt immer noch lieben und sündigen, weil sie im Grunde keine Hoffnung auf den Himmel und keine Furcht vor der Hölle haben.

Berichte von Augenzeugen und die Bibel

Der Himmel und die Hölle befinden sich in der geistlichen Welt, die wahrhaftig existiert. In der Bibel werden Himmel und Hölle viele Male erwähnt, und auch Menschen, die bereits im Himmel oder in der Hölle gewesen sind, bezeugen ihre Existenz. In der Bibel sagt Gott uns beispielsweise, wie schrecklich die Hölle ist, damit wir danach streben, nach unserem Tod ein ewiges Leben im Himmel zu erlangen statt in die Hölle zu fallen.

Und wenn deine Hand dir Anlass zur Sünde gibt, so hau sie ab! Es ist besser für dich, als Krüppel in das Leben hineinzugehen, als mit zwei Händen in die Hölle zu kommen, in das unauslöschliche Feuer. Und wenn dein Fuß dir Anlass zur Sünde gibt, so hau ihn ab! Es ist besser für dich, lahm in das Leben hineinzugehen,

als mit zwei Füßen in die Hölle geworfen zu werden.
Und wenn dein Auge dir Anlass zur Sünde gibt, so wirf
es weg! Es ist besser für dich, einäugig in das Reich
Gottes hineinzugehen, als mit zwei Augen in die Hölle
geworfen zu werden, „wo ihr Wurm nicht stirbt und
das Feuer nicht erlischt." Denn jeder wird mit Feuer
gesalzen werden. (Markus 9, 43-49)

Menschen, die bereits Erfahrungen mit der Hölle haben, bezeugen, was die Bibel verkündet. In der Hölle „stirbt ihr Wurm nicht und das Feuer erlischt nicht. Denn jeder wird mit Feuer gesalzen werden."

Es steht zweifelsfrei fest, dass ein Mensch nach seinem Tod entweder in den Himmel oder in die Hölle kommt. Deshalb solltest du unbedingt nach dem Wort Gottes leben, damit du in den Himmel eintreten kannst, statt voller Reue zu jammern wie die oben erwähnte Seele, die auf ewig im Hades leidet, weil sie sich trotz der vielen Gelegenheiten, bei denen sie das Evangelium hörte, geweigert hatte, den Herrn anzunehmen.

In Johannes 14, 11-12 sagt Jesus uns: *„Glaubt mir, dass ich in dem Vater bin und der Vater in mir ist; wenn aber nicht, so glaubt um der Werke selbst willen! Wahrlich, wahrlich, ich sage euch: Wer an mich glaubt, der wird auch die Werke tun, die ich tue, und wird größere als diese tun, weil ich zum Vater gehe."*

Einen Menschen Gottes erkennt man daran, dass er von mächtigen Werken begleitet wird, die über menschliche Fähigkeiten hinausgehen, und damit wird auch bestätigt, dass seine Botschaft mit dem wahren Wort Gottes im Einklang steht.

Ich verbreite die Botschaft von Jesus Christus auf Evangelisationen in der ganzen Welt, indem ich durch die Kraft des lebendigen Gottes Werke tue. Wenn ich im Namen Jesus Christus bete, gelangen unzählige Menschen zum Glauben und erhalten Erlösung, weil Gottes erstaunliche Kraft wirkt: die Blinden sehen, die Stummen sprechen, die Lahmen stehen auf, die Sterbenden werden mit neuem Leben erfüllt und vieles mehr.

Auf diese Weise offenbart Gott sein mächtiges Wirken durch mich. Er erklärt mir auch den Himmel und die Hölle in allen Einzelheiten und erlaubt mir, diese auf der ganzen Welt zu verkünden, damit so viele Menschen wie möglich gerettet werden.

In unserer heutigen Zeit sind viele Menschen neugierig, was es mit dem Leben nach dem Tod – mit der geistlichen Welt – auf sich hat, doch allein mit menschlichem Bemühen ist es unmöglich, diese Dinge richtig zu verstehen. Du kannst einen Teil darüber erfahren, wenn du die Bibel liest. Doch du kannst nur dann Klarheit über die geistliche Welt erlangen, wenn Gott sie dir erklärt, während du vom Heiligen Geist inspiriert bist, der alles erforscht, auch die Tiefen Gottes (1. Kor. 2, 10).

Ich hoffe, dass du meiner Beschreibung der Hölle, die auf Versen aus der Bibel basiert, Glauben schenken wirst, denn Gott selbst hat sie mir erklärt, während ich vollkommen vom Heiligen Geist inspiriert war.

Warum sollte man das Gericht Gottes und die Bestrafung in der Hölle verkünden?

Wenn ich über die Hölle predige, hören mir die Menschen, die Glauben haben und mit dem Heiligen Geist erfüllt sind, ohne jede Furcht zu. Doch es gibt auch Menschen, deren Anspannung sich deutlich in ihren Gesichtern abzeichnet und deren Zustimmung in Form eines „Amen" oder „Ja" im Verlauf der Predigt immer schwächer wird.

Im schlimmsten Fall hören Menschen mit schwachem Glauben auf, die Anbetungsgottesdienste zu besuchen oder kehren der Gemeinde voller Furcht ganz den Rücken, statt ihren Glauben mit der Hoffnung, in den Himmel einzutreten, zu bekräftigen.

Dennoch muss ich über die Hölle berichten, weil ich das Herz Gottes kenne. Gott ist sehr besorgt um die Menschen, die auf die Hölle zusteuern, immer noch in der Finsternis leben und mit der weltlichen Lebensweise Kompromisse schließen, obwohl einige von ihnen ihren Glauben an Jesus Christus bekennen.

Deshalb werde ich in allen Einzelheiten erklären, was es mit der Hölle auf sich hat, damit die Kinder Gottes aus der Finsternis heraustreten und im Licht wohnen. Vielleicht werden sie sich fürchten und unwohl fühlen, wenn sie von Gottes Gericht und der Bestrafung in der Hölle hören, doch alles, was Gott damit bezweckt, ist, seine Kinder zur Buße zu leiten, damit sie in den Himmel kommen.

Das Gleichnis vom reichen Mann und dem armen Lazarus

In Lukas 16, 19-31 kamen sowohl der reiche Mann als auch der arme Lazarus nach ihrem Tod ins Grab. Doch die Umstände und Bedingungen der Orte, an denen sie von da an wohnten, unterschieden sich drastisch voneinander.

Der reiche Mann war heftigen Qualen durch das Feuer ausgesetzt, während Lazarus, durch eine große Kluft von ihm entfernt, im Abrahams Schoß saß. Warum?

Zu alttestamentlicher Zeit wurde das Gericht Gottes gemäß dem Gesetz Mose ausgeführt. Der reiche Mann wurde mit dem Feuer bestraft, weil er nicht an Gott geglaubt hatte, obwohl er in der Welt in großem Luxus gelebt hatte. Der arme Lazarus hingegen konnte die ewige Ruhe genießen, denn er hatte an Gott geglaubt, obwohl er von Geschwüren bedeckt war und von den Abfällen vom Tisch des Reichen lebte.

Das Leben nach dem Tod wird bestimmt durch das Gericht Gottes

Im Alten Testament lesen wir, dass die Väter des Glaubens, einschließlich Jacob und Hiob, sagen, sie würden nach ihrem Tod in den Scheol hinabfahren (1. Mo. 37, 35; Hi. 7, 9). Korach und alle Männer, die sich gegen Mose erhoben hatten, zogen den Zorn Gottes auf sich und fuhren lebendig in den Scheol hinab (4. Mo. 16, 33).

Der Scheol des alten Testaments ist in zwei Teile geteilt: in

10

das Totenreich, das zum Himmel gehört, und den Hades, der Teil der Hölle ist.

Deshalb wissen wir, dass die Väter des Glaubens wie Jacob und Hiob und der arme Lazarus in das Totenreich gingen, während Korach und der reiche Mann in den Hades kamen.

Es gibt tatsächlich ein Leben nach dem Tod, und alle Männer und Frauen kommen entsprechend dem Gericht Gottes in den Himmel oder in die Hölle. Ich rate dir dringend, an Gott zu glauben, damit du vor der Hölle gerettet wirst.

Der Aufbau von Himmel und Hölle

Die Bibel gebraucht verschiedene Namen für Himmel und Hölle. Damit wird deutlich, dass es sich dabei um verschiedene Orte handelt.

Der Himmel, wo die Wohnstätten für die geretteten Seelen bereitet sind, ist in viele verschiedene Orte aufgeteilt. Deshalb wird er oft auch „Vorhimmel", „Paradies" oder das „neue Jerusalem" genannt.

Wie ich bereits in meinen Büchern „*Das Maß des Glaubens*" und „*Himmel I & II*" erläutert habe, entspricht deine Nähe zum Thron Gottes im neuen Jerusalem dem Ausmaß, in dem du das verlorene Bild Gottes des Vaters wiederhergestellt hast. Als Alternativen kannst du entsprechend dem Maß deines Glaubens in das Dritte, das Zweite oder das Erste Himmelreich eintreten. Die Menschen, die nur mit knapper Not erlöst wurden, ziehen ins Paradies ein.

Der Wohnort der nicht erretteten Seelen und der bösen Geister wird auch „Hades", „Feuersee", „See, der mit Schwefel brennt" oder „Abgrund (die Grube ohne Boden)" genannt. Ebenso wie der Himmel in viele Orte unterteilt ist, gibt es auch in der Hölle viele Orte, weil sich der Wohnort jeder Seele entsprechend seinen bösen Taten in dieser Welt unterscheidet.

Der Aufbau von Himmel und Hölle

Das neue Jerusalem

Das dritte Königreich

Das zweite Königreich

Das erste Königreich

Das Paradies

Das obere Grab

Die Kluft

Das niedere Grab (Hades)

Der Feuersee

Der See aus Schwefel

Der Abgrund

Um dir den Aufbau von Himmel und Hölle besser verdeutlichen zu können, stelle dir einmal einen Diamanten vor (◇). Wenn seine Form halbiert wird, erhält man ein Dreieck (△) und ein umgedrehtes Dreieck (▽). Nehmen wir einmal an, das obere Dreieck stellt den Himmel dar und das untere Dreieck die Hölle.

Der höchste Teil des oberen Dreiecks entspricht den neuen Jerusalem, sein unterster Teil dem Vorhimmel. In anderen Worten, über dem Vorhimmel sind das Paradies, das erste Himmelreich, das zweite Himmelreich, das dritte Himmelreich und das neue Jerusalem. Du solltest dir die verschiedenen Himmelreiche jedoch nicht wie die erste, zweite oder dritte Etage in einem Gebäude dieser Welt vorstellen. Im geistlichen Reich ist es unmöglich, eine Linie zu ziehen, um einen Bereich abzugrenzen, wie man es auf der Welt tun kann. Ich verwende diesen Vergleich nur, damit fleischliche Menschen den Himmel und die Hölle besser verstehen können.

Die Spitze des oberen Dreiecks entspricht dem neuen Jerusalem und der unterste Teil des Dreiecks dem Vorhimmel. Je höher du also in diesem Dreieck gelangst, umso besser ist das Himmelreich, das du erreichst.

In dem anderen Bild, dem umgedrehten Dreieck, entspricht der höchste und breiteste Teil dem Hades. Je weiter du nach unten kommst, umso tiefer ist der Teil der Hölle, dem du dich näherst. Der Abgrund, der im Lukasevangelium und in der Offenbarung erwähnt ist, steht für den tiefsten Teil der Hölle.

Im ersten Dreieck wird die Fläche immer kleiner, wenn du von unten nach oben gehst – vom Paradies zum neuen Jerusalem. Das zeigt, dass die Anzahl der Menschen, die in das neue Jerusalem eintreten, im Vergleich zu der Zahl der Menschen, die ins Paradies oder ins erste oder zweite Himmelreich eintreten, relativ gering ist. Das liegt daran, dass nur die Menschen, die durch die Heiligung ihres Herzens Heiligkeit und Vollkommenheit erlangen und dem Herzen Gottes, des Vaters, folgen, ins neue Jerusalem hineingehen dürfen.

Wie man an dem umgedrehten Dreieck sehen kann, kommen auch vergleichsweise weniger Menschen in den tieferen

Teil der Hölle, denn an diesen Ort werden nur Menschen hinabgeworfen, deren Gewissen gebrandmarkt wurde und die die größten Verbrechen begangen haben. Eine größere Anzahl von Menschen, die relativ kleine Sünden begangen haben, kommt in den höher gelegenen, breiteren Teil der Hölle.

Anhand der Form eines Diamanten kann man sich also Himmel und Hölle vorstellen. Das bedeutet jedoch nicht, dass Himmel und Hölle tatsächlich die Form eines Dreiecks bzw. eines umgedrehten Dreiecks haben.

Zwischen Himmel und Hölle herrscht eine große Kluft

Zwischen dem oberen Dreieck – dem Himmel – und dem umgedrehten Dreieck – der Hölle – herrscht eine große Kluft. Himmel und Hölle grenzen nicht aneinander an, sondern sind unendlich weit voneinander entfernt.

Gott hat den Himmel und die Hölle so deutlich voneinander abgegrenzt, dass die Seelen nicht zwischen diesen beiden Orten hin und her gehen können. Nur in ganz besonderen Ausnahmefällen lässt Gott zu, dass sich Menschen sehen und miteinander sprechen können, wie der reiche Mann und Abraham es taten.

Nur wenn Gott es erlaubt, können die Menschen im Himmel und in der Hölle einander im Geist sehen, hören und miteinander sprechen – ungeachtet der Entfernung.

Das lässt sich leicht verständlich machen, wenn man bedenkt, dass wir per Telefon mit Menschen auf der anderen Seite des Erdballs sprechen oder sie dank des schnellen Fortschritts und der Entwicklung in Wissenschaft und Technik per Satellit sogar auf einem Bildschirm sehen können.

So konnte der reiche Mann sehen, wie Lazarus in Abrahams Schoß ruhte und im Geist mit Abraham sprechen, weil Gott es ihm erlaubte.

Der Vorhimmel und das Paradies

Um genau zu sein, muss man sagen, dass der Vorhimmel kein Teil des Himmels ist, doch man kann es als solchen betrachten. Der Hades ist Teil der Hölle. Die Rolle des Totenreichs hat sich von alttestamentlicher zu neutestamentlicher Zeit verändert.

Das Totenreich in alttestamentlicher Zeit

Zu alttestamentlicher Zeit warteten gerettete Seelen im Totenreich. Abraham, der Vater des Glaubens, trug die Verantwortung für das Totenreich. Deshalb erwähnt die Bibel, dass Lazarus in Abrahams Schoß saß.

Seit der Auferstehung und der Himmelfahrt des Herrn Jesus Christus jedoch sind die geretteten Seelen nicht mehr in Abrahams Schoß, sondern kommen ins Paradies und sitzen im Schoß des Herrn. Deshalb sagte Jesus zu dem Übeltäter, der neben ihm am Kreuz hing, Buße tat und Jesus als seinen Retter annahm: *„Heute wirst du mit mir im Paradies sein"* (Lk. 23, 43).

Trat Jesus nach seiner Kreuzigung sofort ins Paradies ein? In 1. Petrus 3, 19 heißt es: *„In diesem ist er [Jesus] auch hingegangen und hat den Geistern im Gefängnis gepredigt....“* Dieser Vers besagt, dass Jesus allen zukünftig geretteten Seelen, die im Totenreich warteten, das Evangelium predigte. Darauf werde ich in Kapitel 2 noch ausführlich eingehen.

Jesus predigte das Evangelium drei Tage lang im Totenreich, und als er auferstand und in den Himmel fuhr, brachte er die Seelen, die gerettet waren, mit sich ins Paradies. Heute bereitet Jesus für uns einen Ort im Himmel, wie er sagte: *„Ich gehe hin, euch eine Stätte zu bereiten“* (Joh. 14, 2).

Das Paradies zu neutestamentlicher Zeit

Nachdem Jesus die Tür zur Erlösung weit geöffnet hat, sind die geretteten Seelen nicht länger im Totenreich. Sie wohnen bis zum Ende der Menschheit in den äußeren Bereichen vom Paradies, dem Vorhimmel. Nach dem Gericht vor dem großen weißen Thron wird jede von ihnen entsprechend dem Maß ihres Glaubens an ihren eigenen Ort im Himmel einziehen und dort für immer und ewig leben.

In neutestamentlicher Zeit warten alle geretteten Seelen im Paradies. Manche Menschen fragen sich vielleicht, wie es möglich ist, dass so viele Menschen im Paradies leben, weil seit Adam unzählige Menschen geboren wurden. „Pastor Lee! Wie ist es möglich, dass so viele Menschen im Paradies leben? Ich fürchte, auch wenn es sehr groß ist, ist es vielleicht nicht groß genug, dass alle die Menschen dort zusammen leben können.“

Das Sonnensystem, zu dem unsere Erde gehört, ist im Vergleich zur Galaxie nur ein kleiner Fleck. Kannst du dir vorstellen, wie groß die Galaxie ist? Doch auch die Galaxie ist im Vergleich zum ganzen Universum nur ein kleiner Punkt. Wie groß mag dann das ganze Universum sein?

Darüber hinaus ist das gewaltige Universum, in dem wir leben, nur eines von unzähligen Universen, und die Unendlichkeit des ganzen Universums geht weit über unser Vorstellungsvermögen hinaus. Wenn es dir also unmöglich ist, die ungeheure Weite des physischen Universums zu erfassen, wie sollte es dir dann möglich sein, das gewaltige Ausmaß des Himmels im geistlichen Reich zu begreifen?

Allein das Paradies ist bereits größer als wir es uns vorstellen können. Es liegt in unmessbarer Entfernung vom ersten Himmelreich. Kannst du dir nun vorstellen, wie riesig das Paradies ist?

Die Seelen erlangen im Paradies geistliches Wissen

Obwohl das Paradies ein Vorort auf dem Weg zum Himmel ist, ist es kein beengter oder langweiliger Ort. Es ist so schön, dass es auch die wunderbarste Landschaft dieser Welt bei weitem übertrifft.

Im Paradies wird den wartenden Seelen von einigen Propheten geistliches Wissen vermittelt. Sie lernen vieles über Gott und den Himmel, über geistliche Gesetze und andere notwendige Dinge im geistlichen Bereich. Geistliches Wissen hat keine Grenzen. Das Lernen im Paradies ist völlig anders als das Lernen auf der Welt. Es ist weder schwierig noch langweilig. Je mehr die Seelen lernen, umso mehr Gnade und Freude wird ihnen zuteil.

Menschen, die ein reines und sanftmütiges Herz haben, können durch das Reden mit Gott auch bereits in dieser Welt großes geistliches Wissen erlangen. Durch die Inspiration des Heiligen Geistes kann man viele Dinge verstehen, wenn man sie mit geistlichen Augen betrachtet. Man kann die geistliche Kraft Gottes in dieser Welt erfahren, weil man durch seinen Glauben in der Lage ist, die geistlichen Gesetze und Gottes Antwort auf seine Gebete in dem Ausmaß zu verstehen, in dem man sein Herz beschneidet.

Sicher bist du sehr glücklich und erfreut, wenn du geistliche Dinge lernst, während du in dieser Welt lebst. Und nun stell dir vor, wie viel glücklicher und freudiger du sein wirst, wenn du im Paradies, das zum Himmel gehört, noch tieferen Einblick in geistliche Belange erhältst.

Wo leben die Propheten? Leben sie im Paradies? Nein. Die Seelen, die dafür qualifiziert sind, in das neue Jerusalem einzutreten, warten nicht im Paradies, sondern im neuen Jerusalem und helfen Gott dort bei seinen Werken.

Abraham kümmerte sich um das Totenreich, bevor Jesus gekreuzigt wurde. Nachdem Jesus jedoch auferstanden und in den Himmel gefahren war, ging Abraham in das neue Jerusalem, weil er seine Pflicht im Totenreich erfüllt hatte. Wo waren dann Mose und Elia, während Abraham im Totenreich war? Sie waren nicht im Paradies, sondern bereits im neuen Jerusalem, weil sie sich dafür qualifiziert hatten (Mt. 17, 1-3).

Der Vorhimmel zu neutestamentlicher Zeit

Vielleicht hast du schon einmal einen Film gesehen, in dem die Seele eines Menschen nach seinem Tod von seinem Körper getrennt wird und dann in der Gestalt seines einstigen Körpers entweder von Engeln vom Himmel oder von Botschaftern aus der Hölle abgeholt wird. Tatsächlich wird eine errettete Seele in dem Moment, wo jemand stirbt, von seinem Körper getrennt und von zwei Engeln in weißen Gewändern in den Himmel geführt. Jemand, der das weiß, wird nicht erschrecken, wenn seine Seele im Augenblick seines Todes von seinem Körper getrennt wird. Doch jemand, der das nicht weiß, wird schockiert sein, wenn er sieht, wie sich eine andere Person, die genauso aussieht wie er selbst, von seinem Körper löst.

Eine Seele, die von ihrem physischen Körper getrennt wurde, wird zuerst sehr verwirrt sein. Ihr jetziger Zustand unterscheidet sich enorm vom vorherigen, denn es finden viele Veränderungen statt. Bisher lebte sie in der dreidimensionalen Welt, nun jedoch in der vierdimensionalen Welt.

Die vom Körper getrennte Seele spürt ihr Körpergewicht nicht und ist vielleicht versucht, herumzusausen, weil sich ihr Körper so leicht anfühlt. Es dauert einige Zeit, bis sie die grundlegenden Dinge gelernt hat, um sich an die geistliche Welt anzupassen. Deshalb bleiben gerettete Seelen in neutestamentlicher Zeit vorläufig im Vorhimmel, um sich an die geistliche Welt zu gewöhnen und treten erst dann ins Paradies ein.

Der Hades, die Vorstufe der Hölle

Der oberste Teil der Hölle ist der Hades. Wenn man tiefer in die Hölle hineingeht, gelangt man zum Feuersee, dem See, der mit Schwefel brennt, und dem Abgrund, dem tiefsten Teil der Hölle. All die nicht erretteten Seelen seit Anbeginn der Zeit sind noch nicht in der Hölle, sondern noch immer im Hades.

Viele Menschen behaupten, in der Hölle gewesen zu sein. Ich kann sagen, dass sie tatsächlich qualvolle Szenen im Hades gesehen haben. Die nicht erretteten Seelen werden im Hades entsprechend der Schwere ihrer Sünden und Vergehen in verschiedene Teile des Hades eingesperrt und nach dem Gericht des großen weißen Thrones schließlich in den Feuersee oder den Schwefelsee geworfen.

Die Qual der nicht erretteten Seelen im Hades

Die Qual, die der nicht errettete reiche Mann im Hades litt, ist in Lukas 16, 24 beschrieben. In seinen Todesqualen bat er um einen Tropfen Wasser, indem er sagte: *„Vater Abraham, erbarme dich meiner und sende Lazarus, dass er die Spitze seines Fingers ins Wasser tauche und meine Zunge kühle! Denn ich leide Pein in dieser Flamme."*

Wie könnten die Seelen nicht vom Grauen ergriffen werden und voller Furcht zittern, wenn sie inmitten der in Todesqualen ausgestoßenen Schreie anderer Menschen endlos gequält werden? Wenn sie ohne die Hoffnung auf den Tod im tobenden Feuer in der Hölle sind, wo der Wurm nicht stirbt und das Feuer nicht erlischt?

Brutale Botschafter der Hölle quälen die Seelen in der pechschwarzen Finsternis des Hades. Der ganze Ort ist mit Blut befleckt und von dem schrecklichen Geruch verwesender Körper erfüllt, sodass man kaum atmen kann. Die Bestrafung in der Hölle ist jedoch mit der im Hades nicht vergleichbar.

Die unerretteten Seelen im Hades sind voller Reue

Der reiche Mann in Lukas 16, 27-30 hatte nicht an die Existenz der Hölle geglaubt, doch nach seinem Tod wusste er, wie dumm er gewesen war und bereute es im Feuer. Er bat Abraham, Lazarus zu seinen Brüdern zu senden, damit sie nicht in die Hölle kämen.

Ich bitte dich nun, Vater, dass du ihn in das Haus meines Vaters sendest, denn ich habe fünf Brüder, dass er ihnen eindringlich Zeugnis ablege, damit sie nicht auch an diesen Ort der Qual kommen! Abraham aber spricht: Sie haben Mose und die Propheten. Mögen sie die hören! Er aber sprach: Nein, Vater Abraham, sondern wenn jemand von den Toten zu ihnen geht, so werden sie Buße tun.

Was würde der reiche Mann seinen Brüdern sagen, wenn er die Möglichkeit bekäme, persönlich mit ihnen zu sprechen? Sicher würde er ihnen sagen: „Ich weiß mit absoluter Sicherheit, dass es die Hölle gibt. Bitte sorgt dafür, dass ihr gemäß dem

Wort Gottes lebt und nicht in die Hölle kommt, denn die Hölle ist ein haarsträubender und schrecklicher Ort."

Sogar in den endlosen Todesqualen, die er litt, wollte der reiche Mann wahrhaftig seine Brüder vor der Hölle bewahren. Zweifellos hatte er ein relativ gutes Herz. Wie ist das nun bei den Menschen in der heutigen Zeit?

Gott zeigte mir einmal ein verheiratetes Paar, das in der Hölle gequält wurde, weil sich die beiden von Gott abgewandt und die Gemeinde verlassen hatten. In der Hölle beschuldigten sie sich gegenseitig, verfluchten und hassten einander, und jeder von ihnen wünschte dem anderen noch größere Pein.

Der reiche Mann wollte, dass seine Brüder gerettet würden, weil auch Gutes in seinem Herzen war. Doch du solltest wissen, dass er dennoch in die Hölle geworfen wurde. Und du solltest bedenken, dass du nicht erlöst wirst, indem du lediglich sagst: „Ich glaube."

Der Mensch ist dazu bestimmt zu sterben, und nach seinem Tod geht er entweder in den Himmel oder in die Hölle. Deshalb solltest du nicht dumm sein, sondern ein wahrer Gläubiger werden.

Ein kluger Mensch bereitet sich auf das Leben nach dem Tod vor

Kluge Menschen bereiten sich aktiv auf das Leben nach dem Tod vor, während die meisten Menschen hart daran arbeiten, Ehre, Macht, Reichtum, Glück und ein langes Leben zu erlangen.

Kluge Menschen sammeln ihren Reichtum entsprechend dem Wort Gottes im Himmel, weil sie nur zu gut wissen, dass sie nichts mit in ihr Grab nehmen können.

Vielleicht hast du schon Zeugnisse von Menschen gehört, die ihr Haus im Himmel nicht finden konnten, als sie dort hinkamen, obwohl sie angeblich an Gott geglaubt und ein Leben in Christus geführt hatten. Du kannst ein großes und schönes Haus im Himmel bekommen, wenn du dir während deines Lebens als Gottes kostbares Kind auf dieser Welt eifrig Schätze im Himmel sammelst.

Wenn du das tust und darum kämpfst, den zuversichtlichen Glauben zu erlangen und zu bewahren, dass du in den Himmel kommst, wenn du dich als Braut für den Herrn vorbereitest, der bald wiederkommen wird, bist du wirklich klug und gesegnet.

Wenn ein Mensch stirbt, ist sein Leben unwiderruflich vorüber. Deshalb bitte ich dich, Glauben zu haben und zu wissen, dass es Himmel und Hölle gibt. Und da du weißt, dass nicht errettete Seelen in der Hölle große Qualen leiden, solltest du darüber hinaus jedem, der deinen Weg in diesem Leben kreuzt, vom Himmel und der Hölle erzählen. Stell dir vor, wie sehr Gott sich darüber freuen wird!

Die Menschen, die die Liebe Gottes verkünden, der alle Menschen in die Erlösung führen will, sind in diesem Leben gesegnet und werden auch im Himmel leuchten wie die Sonne!

Ich hoffe, dass du an den lebendigen Gott glaubst, der dich richtet und belohnt, und versuchst, ein wahres Kind Gottes zu werden. Im Namen des Herrn bete ich, dass du so viele Menschen wie möglich zurück zu Gott und in die Erlösung führst und dafür von Gott reich belohnt wirst.

Kapitel 2

Erlösung für die Menschen, die nie das Evangelium gehört haben

Die Beurteilung des Gewissens

Babys, die durch Abtreibung oder Fehlgeburt starben

Kinder von der Geburt bis zum Alter von fünf Jahren

Kinder im Alter von sechs bis zwölf Jahren

Wurden Adam und Eva gerettet?

Was geschah mit Kain, dem ersten Mörder?

„Denn wenn Nationen, die kein Gesetz haben, von
Natur dem Gesetz entsprechend handeln, so sind
diese, die kein Gesetz haben, sich selbst ein Gesetz.
Sie beweisen, dass das Werk des Gesetzes in ihren
Herzen geschrieben ist, indem ihr Gewissen mit
Zeugnis gibt und ihre Gedanken sich untereinander
anklagen oder auch entschuldigen."
- Römer 2,14-15 -

„Der HERR aber sprach zu ihm: Nicht so, jeder, der
Kain erschlägt - siebenfach soll er gerächt werden!
Und der HERR machte an Kain ein Zeichen, damit
ihn nicht jeder erschlüge, der ihn fände."
- 1. Mose 4,15 -

Gott hat seine Liebe zu uns unter Beweis gestellt, indem er seinen einzigen Sohn hingab, damit er zur Erlösung aller Menschen gekreuzigt würde.

Eltern lieben ihre kleinen Kinder, doch sie wollen auch, dass sie reif genug werden, um ihr Herz zu verstehen und ihre Freude und ihren Schmerz mit ihnen zu teilen.

Ebenso will Gott, dass alle Menschen gerettet werden, und dass sie im Glauben heranreifen, damit sie das Herz Gottes, des Vaters, verstehen und in tiefer Liebe mit ihm verbunden sind. Deshalb schreibt der Apostel Paulus in 1. Timotheus 2, 4, dass Gott will, dass alle Menschen errettet werden und zur Erkenntnis der Wahrheit kommen.

Du solltest wissen, dass Gott die Hölle und die geistliche Welt detailliert offenbart, weil er in seiner Liebe will, dass alle Menschen Erlösung erhalten und im Glauben zur vollkommenen Reife gelangen.

In diesem Kapitel werde ich ausführlich erklären, ob diejenigen, die gestorben sind, ohne Jesus Christus kennengelernt zu haben, gerettet werden können.

Die Beurteilung des Gewissens

Viele Menschen, die nicht an Gott glauben, erkennen zumindest an, dass es den Himmel und die Hölle gibt, doch allein dadurch können sie nicht in den Himmel gelangen.

In Johannes 14, 6 sagt uns Jesus: *„Ich bin der Weg und die Wahrheit und das Leben. Niemand kommt zum Vater als nur* *durch mich.* " Das bedeutet, dass du nur durch Jesus Christus in den Himmel gelangen kannst.

Wie kannst du dann gerettet werden? In Römer 10, 9-10 zeigt Paulus uns den Weg zur Erlösung:

> ... *dass, wenn du mit deinem Mund Jesus als Herrn bekennen und in deinem Herzen glauben wirst, dass Gott ihn aus den Toten auferweckt hat, du errettet werden wirst. Denn mit dem Herzen wird geglaubt zur Gerechtigkeit, und mit dem Mund wird bekannt zum Heil.*

Lass uns einmal annehmen, es gibt einige Menschen, die Jesus Christus nicht kennen. Daher bekennen sie ihn weder als den Herrn noch glauben sie mit ihrem Herzen an ihn. Ist es nun wahr, dass sie alle nicht gerettet werden können?

Sehr viele Menschen lebten vor der Zeit, als Jesus auf die Erde kam. Und auch in neutestamentlicher Zeit gab es Menschen, die starben, ohne je das Evangelium gehört zu haben. Können diese Menschen gerettet werden?

Was ist das Schicksal von Menschen, die so früh starben, dass sie nie reif oder klug genug waren, um zum Glauben zu gelangen? Was geschieht mit ungeborenen Kindern, die abgetrieben wurden oder durch eine Fehlgeburt starben? Gibt es für sie nur den bedingungslosen Weg in die Hölle, weil sie nicht an Jesus Christus glaubten? Nein, das ist nicht der Fall.

Der Gott der Liebe öffnet die Tür der Erlösung in seiner

Gerechtigkeit für jeden durch die „Beurteilung des Gewissens".

Menschen, die Gott suchten und mit einem guten Gewissen lebten

In Römer 1, 20 heißt es: *„Denn sein unsichtbares Wesen, sowohl seine ewige Kraft als auch seine Göttlichkeit, wird seit Erschaffung der Welt in dem Gemachten wahrgenommen und geschaut, damit sie ohne Entschuldigung seien."* Das ist der Grund, weshalb Menschen mit einem guten Herzen an die Existenz Gottes glauben: Sie sehen, was erschaffen wurde.

Gemäß Prediger 3, 11 hat Gott die Ewigkeit in die Herzen der Menschen gelegt. Gute Menschen suchen Gott, weil es Teil ihres Wesens ist, und sie glauben mit einer gewissen Unsicherheit an das Leben nach dem Tod. Gute Menschen fürchten den Himmel und versuchen, ein gutes und rechtschaffenes Leben zu führen, obwohl sie das Evangelium vielleicht noch nie gehört haben. Deshalb leben sie bis zu einem gewissen Grad gemäß dem Willen ihrer eigenen Götter. Wenn sie nur das Evangelium gehört hätten, hätten sie sicherlich den Herrn angenommen und wären in den Himmel eingetreten.

Aus diesem Grund erlaubte Gott diesen guten Seelen, im Totenreich zu bleiben, damit er sie in den Himmel hineinführen konnte, nachdem Jesus am Kreuz gestorben war. Durch das Blut Jesu führte Gott diese Menschen in die Erlösung, indem er sie das Evangelium hören ließ.

Das Hören des Evangeliums im Totenreich

Die Bibel sagt uns, dass Jesus das Evangelium in den unteren Teilen der Erde verkündete, nachdem er am Kreuz gestorben war.

In 1. Petrus 3, 19 heißt es: *„In diesem [im Geist] ist er auch hingegangen und hat den Geistern im Gefängnis gepredigt...."* Jesus verkündete den Seelen im Totenreich das Evangelium, damit auch sie durch sein Blut gerettet werden konnten.

Dadurch erfuhren die Menschen, wer Jesus Christus war, und konnten gerettet werden.

Gott hat den Menschen keinen anderen Namen gegeben als Jesus Christus, in dem sie gerettet werden können (Apg. 4, 12). Auch in neutestamentlicher Zeit werden die Menschen, die keine Gelegenheit hatten, das Evangelium zu hören, durch die Beurteilung ihres Gewissens gerettet. Sie bleiben drei Tage lang im Vorhimmel, um das Evangelium zu hören und treten dann in den Himmel ein.

Menschen mit einem beschmutzten Gewissen suchen nie nach Gott und leben in Sünde, indem sie sich ihren eigenen Leidenschaften hingeben. Sie würden das Evangelium auch dann nicht glauben, wenn sie es hörten. Nach ihrem Tod werden sie in den Hades geschickt, wo sie in ewiger Bestrafung leben und nach dem Gericht vor dem großen weißen Thron letztendlich in die Hölle hinabgeworfen werden.

Die Beurteilung des Gewissens

Einem Menschen ist es unmöglich, das Gewissen eines anderen genau zu beurteilen, weil er nicht in der Lage ist, sein Herz zu erforschen. Doch der allmächtige Gott erkennt das Herz eines jeden und urteilt gerecht.

Römer 2, 14-15 erklärt die Beurteilung des Gewissens. Gute Menschen wissen, was Gut und Böse ist, weil ihr Gewissen zulässt, dass sie die Anforderungen des Gesetzes kennen.

Denn wenn Nationen, die kein Gesetz haben, von Natur dem Gesetz entsprechend handeln, so sind diese, die kein Gesetz haben, sich selbst ein Gesetz. Sie beweisen, dass das Werk des Gesetzes in ihren Herzen geschrieben ist, indem ihr Gewissen mit Zeugnis gibt und ihre Gedanken sich untereinander anklagen oder auch entschuldigen – an dem Tag, da Gott das Verborgene der Menschen richtet nach meinem Evangelium durch Jesus Christus.

Daher folgen gute Menschen in ihrem Leben nicht dem Weg des Bösen, sondern dem Weg des Guten. Demzufolge bleiben sie gemäß der Beurteilung des Gewissens drei Tage lang im Vorhimmel, wo sie das Evangelium hören und errettet werden.

Admiral Soonshin Lee (Anmerkung des Verlages: Admiral Lee war im 16. Jahrhundert der oberste Befehlshaber der Seemacht im Dienste der Chosun-Dynastie in Korea) kann als Beispiel für einen Menschen dienen, der aufgrund seines guten

Gewissens ein gutes Leben führte. Admiral Lee lebte in der Wahrheit, obwohl er Jesus Christus nicht kannte. Er war gegenüber seinem König, seinem Land und den Menschen, die er beschützte, stets loyal. Er war seinen Eltern treu ergeben und liebte seine Brüder. Er stellte seine eigenen Interessen nie über die anderer und strebte nie nach Ehre, Autorität oder Reichtum. Er tat lediglich seinen Dienst und opferte sich für seine Nachbarn und sein Volk auf.

Man kann keine Spur von Bösem in ihm finden. Als er zu Unrecht angeklagt und ins Exil geschickt wurde, fügte er sich in sein Schicksal, ohne zu klagen oder Rachegedanken zu hegen. Er hegte keinen Groll gegen den König, der ihn ins Exil geschickt hatte, selbst als dieser ihm befahl, auf dem Schlachtfeld zu kämpfen. Stattdessen dankte er dem König von ganzem Herzen, brachte die Truppen wieder in eine gute Ordnung und setzte im Kampf sein Leben aufs Spiel. Dennoch fand er Zeit, niederzuknien und seinem Gott zu danken, denn er erkannte, dass es einen geben musste. Aus welchem Grund sollte Gott ihn nicht in den Himmel führen?

Menschen, die von der Beurteilung des Gewissens ausgeschlossen sind

Können auch Menschen, die das Evangelium gehört haben, jedoch nicht daran glaubten, der Beurteilung des Gewissens unterworfen werden?

Deine Familienmitglieder können der Beurteilung des Gewissens nicht unterworfen werden, wenn sie das Evangelium nicht angenommen haben, nachdem du es ihnen verkündigt hast. Es ist fair, dass sie nicht gerettet werden, wenn sie das Evangelium zurückweisen, obwohl sie es viele Male gehört haben.

Dennoch solltest du die gute Nachricht eifrig verbreiten, denn auch wenn Menschen böse genug waren, um in die Hölle zu kommen, kannst du ihnen dadurch größere Chancen verschaffen, doch noch Erlösung zu erhalten.

Jedes Kind Gottes ist gegenüber dem Evangelium ein Schuldner und hat die Pflicht, es zu verkünden. Wenn du deinen Eltern, deinen Geschwistern und Verwandten nie vom Evangelium erzählt hast, wird Gott dich am Tag des Gerichts fragen: „Warum hast du deinen Eltern und Geschwistern die gute Nachricht nicht überbracht? Und deinen Kindern? Deinen Freunden?"

Wenn du die Liebe Gottes, der sogar seinen einzigen Sohn opferte, und die Liebe des Herrn, der am Kreuz für uns starb, wirklich verstehst, solltest du den Menschen deshalb unermüdlich die gute Nachricht verkünden.

Seelen zu retten ist der Weg, um den Durst des Herrn zu stillen, der am Kreuz ausrief: „Ich bin durstig", und den Preis für das Blut des Herrn zurückzuzahlen.

Babys, die durch Abtreibung oder Fehlgeburt starben

Was ist das Schicksal von Babys, die durch eine Fehlgeburt

sterben? Nach dem körperlichen Tod eines Menschen ist sein Geist dazu bestimmt, entweder in den Himmel oder in die Hölle zu gehen, denn der Geist eines Menschen, kann nicht zerstört werden, auch wenn er noch sehr jung ist.

Fünf Monate nach der Empfängnis erhält der Fötus seinen Geist

Ein Fötus erhält seinen Geist im sechsten Schwangerschaftsmonat. Medizinischen Wissenschaftlern zufolge entwickelt ein Fötus fünf Monate nach der Empfängnis Hörorgane, Augen und Augenlider. Auch die Gehirnlappen, die die Funktion des Gehirns aktivieren, werden erst fünf bis sechs Monate nach der Empfängnis herangebildet.

Wenn der Fötus sechs Monate alt ist, wird ihm ein Geist gegeben und er besitzt praktisch die Gestalt eines Menschen. Stirbt ein Fötus durch eine Fehlgeburt, bevor ihm ein Geist gegeben wurde, kommt weder in die Hölle noch in den Himmel, denn ein Fötus ohne Geist ist vergleichbar mit einem Tier.

In Prediger 3, 21 heißt es: *„Wer kennt den Odem der Menschenkinder, ob er nach oben steigt, und den Odem des Viehs, ob er nach unten zur Erde hinabfährt?"* Der „Odem der Menschenkinder" weist darauf hin, dass Gott den Menschen einen Geist gegeben hat. Dieser Geist bewirkt, dass er Gott sucht, und seine Seele veranlasst ihn, über das Wort Gottes nachzudenken und ihm zu gehorchen. Der „Odem des Viehs" hingegen bezieht sich lediglich auf die Seele, d. h. das System, das es veranlasst zu denken und zu handeln.

Der Tod eines Tieres ist endgültig, weil es nur eine Seele, jedoch keinen Geist besitzt. Ein Fötus, der weniger als fünf Monate alt ist, besitzt ebenfalls keinen Geist. Deshalb stirbt er auf dieselbe Weise wie ein Tier.

Abtreibung ist eine ebenso große Sünde wie Mord

Bedeutet das nun, dass es keine Sünde ist, einen Fötus abzutreiben, der jünger als fünf Monate ist, weil er noch keinen Geist besitzt? Sicher nicht. Ungeachtet des Zeitpunktes, an dem ein Fötus seinen Geist bekommt, ist eine Abtreibung immer Sünde, denn Gott allein herrscht über das menschliche Leben.

Der Verfasser von Psalm 139, 15-16 schrieb: *„Nicht verborgen war mein Gebein vor dir, als ich gemacht wurde im Verborgenen, gewoben in den Tiefen der Erde. Meine Urform sahen deine Augen. Und in dein Buch waren sie alle eingeschrieben, die Tage, die gebildet wurden, als noch keiner von ihnen da war."*

Der Gott der Liebe kannte jeden einzelnen Menschen, bevor er im Mutterleib gebildet wurde. Er hatte so wunderbare Ideen und Pläne für diesen Menschen, dass er sie in seinem Buch aufschrieb. Deshalb kann ein Mensch, der nichts anderes als ein Geschöpf Gottes ist, das Leben eines Fötus nicht kontrollieren, auch wenn dieser jünger ist als fünf Monate.

Einen Fötus abzutreiben ist dasselbe wie einen Mord zu begehen, weil du die Autorität Gottes verletzt, der über Leben und Tod, Segen und Fluch herrscht. Und einmal abgesehen davon – wie könntest du es wagen, es eine unbedeutende Sünde zu nennen, wenn du deinen eigenen Sohn oder deine eigene Tochter tötest?

Die Folgen einer Abtreibung

Du solltest die Alleinherrschaft Gottes über das menschliche Leben unter keinen Umständen verletzen, so schwierig es auch sein mag. Darüber hinaus ist es nicht in Ordnung, wenn du dein Kind abtreibst, weil dir dein Vergnügen wichtiger ist. Du musst erkennen, dass du erntest, was du säst, und du wirst dafür bezahlen, was du getan hast.

Die Angelegenheit wird noch ernster, wenn du einen Fötus im sechsten Schwangerschaftsmonat oder noch später abtreibst. Dann ist es dasselbe, wie wenn du einen erwachsenen Menschen ermordest, weil der Fötus bereits einen Geist besitzt.

Abtreibung schafft eine große Mauer der Sünde zwischen dir und Gott. Die Folge davon ist, dass du großes Leid erfährst, indem verschiedene Prüfungen und Schwierigkeiten auf dich zukommen. Wenn du das Problem der Sünde nicht löst und die Mauer der Sünde weiterhin bestehen bleibt, entfremdest du dich allmählich von Gott, und irgendwann bist du vielleicht zu weit gegangen, um wieder umkehren zu können.

Auch die Menschen, die nicht an Gott glauben, werden bestraft und mit allen möglichen Härten und Schwierigkeiten belegt, wenn sie abtreiben, denn Abtreibung ist Mord. Diese Härten und Schwierigkeiten werden sie immer begleiten, denn Gott kann sie nicht schützen und wendet sein Angesicht von ihnen ab, wenn sie die Mauer der Sünde nicht niederreißen.

Tu gründlich Buße für deine Sünden und reiße die Mauer der Sünde nieder

Gott hat seine Gebote nicht aufgestellt, um die Menschen zu verdammen, sondern um ihnen seinen Willen zu offenbaren, sie zur Buße zu leiten und sie zu retten.

Gott erlaubt dir auch, zu verstehen, welche Bedeutung eine Abtreibung hat, damit du diese Sünde nicht begehst und in der Lage bist, für deine Sünden in der Vergangenheit Buße zu tun und damit die Mauer der Sünde niederzureißen.

Wenn du in deiner Vergangenheit ein Kind abgetrieben hast, stelle sicher, dass du gründlich Buße dafür tust und die Mauer der Sünde niederreißt, indem du ein Friedensopfer darbringst. Dann werden die Prüfungen und Schwierigkeiten aus deinem Leben verschwinden und Gott wird deiner Sünden nicht mehr gedenken.

Die Schwere der Sünde bei einer Abtreibung ist von Fall zu Fall unterschiedlich. Wenn du beispielsweise dein Kind abgetrieben hast, weil du infolge einer Vergewaltigung schwanger wurdest, ist deine Sünde relativ gering. Wenn jedoch ein verheiratetes Paar ein ungewolltes Kind abtreibt, wiegt diese Sünde schwerer.

Wenn du ein Kind aus einer Vielzahl von Gründen nicht haben willst, solltest du das Kind in deinem Leib im Gebet Gott anvertrauen. Wenn er in einem solchen Fall nicht gemäß deinem Gebet wirkt, solltest du dein Kind zur Welt bringen.

Abgetriebene Kinder werden bis auf wenige Ausnahmen gerettet

Auch wenn einem sechs Monate alten Fötus bereits ein Geist gegeben wurde, kann er natürlich noch nicht vernünftig denken oder etwas verstehen oder glauben. Deshalb rettet Gott die meisten Föten, die in dieser Zeit sterben – ungeachtet ihres Glaubens oder des Glaubens ihrer Eltern.

Beachte, dass ich sagte „die meisten", nicht „alle", denn in seltenen Fällen wird ein Fötus nicht gerettet.

Wenn ein Fötus Eltern oder Vorfahren hat, die heftig gegen Gott ankämpfen oder eine schlechte Tat nach der anderen tun, kann er vom Augenblick seiner Empfängnis an ein böses Wesen erben. In diesem Fall kann der Fötus nicht gerettet werden.

Das kann beispielsweise bei dem Kind eines Magiers der Fall sein oder bei dem Kind böser Eltern, die andere Menschen verfluchen und ihnen nur Schlechtes wünschen. Ein Beispiel dafür ist Hee-bin Jang in der koreanischen Geschichte (Anmerkung des Verlegers: Lady Jang war eine Konkubine von König Sook-jong im späten 17. Jahrhundert, die aus Eifersucht einen Fluch über die Königin aussprach. Sie verfluchte ihre Rivalin, indem sie ein Gemälde, das sie darstellte, mit Pfeilen traktierte.) Die Kinder von derart bösartigen Eltern können nicht gerettet werden, weil sie das böse Wesen ihrer Eltern erben.

Auch unter den Menschen, die von sich behaupten gläubig zu sein, gibt es solch extrem böse Menschen. Solche Menschen widersetzen sich dem Wirken des Heiligen Geistes, beurteilen es falsch, verdammen und behindern es. Manche sind sogar so eifersüchtig, dass sie versuchen Menschen zu töten, die den Namen Gottes verherrlichen. Wenn Kinder solcher Eltern durch eine Fehlgeburt sterben, können sie nicht gerettet werden.

Doch mit Ausnahme dieser seltenen Fälle werden die meisten ungeborenen Kinder gerettet. Sie können jedoch nicht in den Himmel, nicht einmal ins Paradies, eintreten, weil sie nicht auf der Erde gelebt haben. Deshalb bleiben sie auch nach dem Gericht vor dem großen weißen Thron im Vorhimmel.

Der ewige Bestimmungsort für gerettete ungeborene Babys

Die Föten, die im sechsten Monat der Schwangerschaft oder später abgetrieben wurden und in den Vorhimmel kommen, sind wie ein unbeschriebenes Blatt Papier, weil sie nie auf der Erde gelebt haben. Deshalb bleiben sie im Vorhimmel, und zum Zeitpunkt der Auferstehung werden ihnen passende Körper für ihre Seelen gegeben werden.

Sie bekommen einen Körper, der sich verändert und wächst, im Gegensatz zu den anderen geretteten Menschen, die einen geistlichen und ewig gleich bleibenden Körper erhalten. Am Anfang haben sie die Gestalt von Kindern, doch im Lauf der Zeit wachsen sie zu Erwachsenen heran.

Auch wenn diese Kinder erwachsen sind, bleiben sie im Vorhimmel und füllen ihre Seelen mit der Erkenntnis der Wahrheit. Das kannst du leicht verstehen, wenn du über Adams anfänglichen Zustand im Garten Eden und seinen Lernprozess nachdenkst.

Als Adam als lebendiges Wesen erschaffen wurde, bestand er aus Geist, Seele und Körper. Doch sein Körper unterschied sich von einem geistlichen, auferstandenen Körper, und seine Seele war so unwissend wie die eines neugeborenen Babys. Deshalb schenkte Gott Adam geistliches Wissen, indem er lange Zeit mit ihm lebte.

Du musst wissen, dass Adam im Garten Eden erschaffen wurde, ohne dass auch nur ein Hauch von Bosheit in ihm war. Doch die Seelen im Vorhimmel sind nicht so gut wie Adam es war, weil sie bereits das böse, sündige Wesen ihrer Eltern geerbt haben, die schon seit Generationen auf der Erde leben.

Seit dem Fall Adams haben deshalb all seine Nachfahren die Erbsünde an ihre Kinder weitergegeben.

Kinder von der Geburt bis zum Alter von fünf Jahren

Wie können Kinder bis zum Alter von fünf Jahren, die noch nicht wissen, was Gut und Böse ist, und noch keinen Glauben haben, gerettet werden? Die Erlösung von Kindern in diesem Alter hängt vom Glauben ihrer Eltern ab – insbesondere vom Glauben ihrer Mütter.

Ein Kind kann Erlösung erhalten, wenn die Eltern des Kindes die Art von Glauben haben, mit dem sie errettet werden und ihre Kinder im Glauben aufziehen (1. Kor. 7, 14). Dennoch ist es nicht so, dass ein Kind nur aufgrund des fehlenden Glaubens seiner Eltern nicht bedingungslos gerettet werden kann.

Hier kannst du wiederum die Liebe Gottes erfahren. 1. Mose 25 zeigt uns, dass Gott bereits vorhersah, dass Jakob in der Zukunft stärker sein würde als sein älterer Bruder Esau, als sich die beiden Brüder im Mutterleib stießen. Der allwissende Gott führt durch die Beurteilung des Gewissens alle Kinder, die sterben, bevor sie das Alter von fünf Jahren erreicht haben, in die Erlösung. Das kann er tun, weil er weiß, ob die Kinder den Herrn angenommen hätten, wenn sie länger gelebt und das Evangelium gehört hätten.

Doch Kinder, deren Eltern keinen Glauben haben und die auch die Beurteilung des Gewissens nicht bestehen, kommen unvermeidlich in den Hades, der zur Hölle gehört, und werden dort gequält.

Die Beurteilung des Gewissens und der Glaube der Eltern

Die Erlösung von Kindern ist also stark vom Glauben ihrer Eltern abhängig. Deshalb müssen Eltern ihre Kinder gemäß dem Willen Gottes erziehen, damit ihre Kinder nicht in der Hölle enden.

Vor langer Zeit brachte ein Paar, das bis dahin kinderlos gewesen war, ein Kind zur Welt, nachdem sie im Gebet ein Gelübde abgelegt hatten. Doch das Kind wurde vorzeitig in einem Verkehrsunfall getötet.

Ich stellte fest, dass der Grund für den Tod des Kindes im Gebet seiner Eltern lag. Es starb, weil der Glaube seiner Eltern erkaltet war und sie sich weit von Gott entfernt hatten. Dieses Kind durfte nicht in den der Kirche angeschlossenen Kindergarten gehen, weil seine Eltern sich für eine weltliche Lebensweise entschieden hatten. Das hatte zur Folge, dass das Kind säkulare Lieder sang statt Liedern, die Gott priesen.

Zu dieser Zeit glaubte das Kind daran, erlöst zu werden, doch es konnte nicht gerettet werden, solange es unter dem Einfluss seiner Eltern stand. In dieser Situation rief Gott das Kind durch den Verkehrsunfall ins ewige Leben und gab seinen Eltern die Möglichkeit, Buße zu tun. Wenn es eine Chance gegeben hätte, dass die Eltern Buße tun und zu Gott zurückkehren, ohne dass sie zusehen mussten, wie ihr Kind auf diese schreckliche Weise ums Leben kam, hätte Gott diese Maßnahme nicht ergriffen.

Die Verantwortung der Eltern für das geistliche Wachstum ihrer Kinder

Der Glaube der Eltern hat einen direkten Einfluss auf die Erlösung ihrer Kinder. Der Glaube der Kinder kann nicht gut wachsen, wenn sich ihre Eltern nicht für ihr geistliches Wachstum interessieren und sie lediglich in die Sonntagsschule schicken.

Eltern müssen für ihre Kinder beten, sie müssen prüfen, ob sie stets in Wahrheit und im Geist anbeten und sie zu Hause lehren, ein Leben im Gebet zu führen, indem sie ihnen als gute Vorbilder dienen.

Ich ermutige alle Eltern, in ihrem eigenen Glauben wachsam zu sein und ihre geliebten Kinder im Herrn aufzuziehen. Ich bete dafür, dass eure Familie das ewige Leben im Himmel zusammen genießen kann.

Kinder im Alter von sechs bis zwölf Jahren

Wie können Kinder im Alter von sechs bis zwölf Jahren gerettet werden?

Diese Kinder können das Evangelium verstehen, wenn sie es hören, und sie haben einen eigenen Willen und eigene Gedanken, sodass sie bis zu einem gewissen Grad selbst entscheiden können, was sie glauben.

Natürlich haben Kinder derselben Altersstufe oft eine unterschiedliche Reife, weil der Prozess des Wachstums, der Entwicklung und des Heranreifens bei jedem Kind anders verläuft. Der entscheidende Faktor ist, dass Kinder in diesem Alter normalerweise ihren eigenen Willen haben und selbständig denken, sodass sie an Gott glauben können.

Ihr Glaube kann die Kinder retten

Der gesunde Menschenverstand bei Kindern zwischen sechs und zwölf Jahren ist bereits soweit entwickelt, dass sie sich aus freien Stücken für den Glauben entscheiden können. Deshalb können sie, ungeachtet des Glaubens ihrer Eltern, durch ihren eigenen Glauben gerettet werden.

Die Voraussetzung dafür ist jedoch, dass sie im Glauben erzogen werden. Auch wenn du selbst einen starken Glauben hast, reicht das nicht aus, dass deine Kinder erlöst werden. Kinder, deren Eltern nicht gläubig sind, haben es viel schwerer, errettet zu werden.

Der Grund, warum ich die Erlösung von Kindern vor und nach der Pubertät unterscheide, liegt darin, dass bei der ersten Gruppe durch Gottes übergroße und überfließende Liebe die Beurteilung des Gewissens angewendet werden kann.

Gott kann diesen Kindern eine weitere Gelegenheit geben, Erlösung zu erhalten, weil Kinder in diesem Alter noch unter dem Einfluss ihrer Eltern stehen und ihre Entscheidungen noch nicht allein aufgrund ihres eigenen Willens und Denkens treffen können.

Gute Kinder nehmen den Herrn an, wenn sie das Evangelium hören, und erhalten den Heiligen Geist. Sie besuchen auch den Gottesdienst, doch wenn ihre Eltern Götzen anbeten, werden diese es ihnen über kurz oder lang verbieten. Wenn die Kinder dann aber in die Teenagerzeit eintreten, können sie, ungeachtet der Einstellung ihrer Eltern, für sich selbst entscheiden, was richtig und was falsch ist. Wenn sie wirklich an Gott glauben, können sie ihren Glauben aufrecht erhalten, ganz gleich wie heftig der Widerstand ihrer Eltern auch sein mag.

Nehmen wir einmal an, ein Kind hätte einen starken Glauben entwickelt, wenn es nicht schon in jungen Jahren gestorben wäre. Was wird mit diesem Kind geschehen? Gott wird es durch das Gesetz der Beurteilung des Gewissens in die Erlösung führen, weil er bis in die tiefsten Tiefen seines Herzens sieht.

Wenn ein Kind den Herrn jedoch nicht annimmt und die Beurteilung des Gewissens nicht durchläuft, wird es keine weitere Gelegenheit mehr dafür bekommen und unvermeidlich in der Hölle enden. Die Erlösung von Menschen nach der Pubertät hängt allein von ihrem Glauben ab.

Kinder, die in eine schlechte Umgebung hineingeboren werden

Die Erlösung eines Kindes, das nicht in der Lage ist, ein logisches und gesundes Urteil zu fällen, hängt zum größten Teil vom Geist (dem Wesen, der Energie oder der Kraft) seiner Eltern oder Vorfahren ab.

Ein Kind kann aufgrund der Boshaftigkeit oder des Götzendienstes seiner Vorfahren mit einer geistigen Störung zur Welt kommen oder bereits in sehr frühen Jahren von Dämonen besessen werden. Das ist der Fall, weil die Nachkommen unter dem Einfluss ihrer Eltern und Vorfahren stehen.

5. Mose 5, 9-10 warnt uns:

> *Du sollst dich vor ihnen nicht niederwerfen und ihnen nicht dienen. Denn ich, der Herr, dein Gott, bin ein eifersüchtiger Gott, der die Schuld der Väter heimsucht an den Kindern und an der dritten und vierten Generation von denen, die mich hassen, der aber Gnade erweist auf Tausende hin denen, die mich lieben und meine Gebote halten.*

Auch in 1. Korinther 7, 14 heißt es: „*Denn der ungläubige Mann ist durch die Frau geheiligt, und die ungläubige Frau ist*

*durch den Bruder geheiligt; sonst wären ja eure Kinder
unrein, nun aber sind sie heilig.* "

Für Kinder, deren Eltern nicht im Glauben leben, ist es
demnach sehr schwierig, erlöst zu werden.

Weil Gott Liebe ist, wendet er sich von denen, die seinen
Namen anrufen, nicht ab, auch wenn sie vielleicht mit dem
bösen Wesen ihrer Eltern und Vorfahren geboren wurden. Sie
können in die Erlösung geführt werden, weil Gott ihre Gebete
beantwortet, wenn sie Buße tun, versuchen, immer nach seinem
Wort zu leben und beständig seinen Namen anrufen.

In Hebräer 11, 6 lesen wir: *„Ohne Glauben aber ist es
unmöglich, ihm wohlzugefallen; denn wer Gott naht, muss
glauben, dass er ist und denen, die ihn suchen, ein Belohner
sein wird.* " Auch wenn Menschen mit einem bösen Wesen
geboren wurden, verändert Gott ihr böses Wesen in ein gutes
und führt sie in den Himmel, wenn sie ihn mit guten Taten und
Opfern im Glauben erfreuen.

Menschen, die Gott nicht selbst suchen können

Manchen Menschen ist es nicht möglich, Gott im Glauben
zu suchen, weil sie unter geistigen Störungen leiden oder von
Dämonen besessen sind. Was sollten diese Menschen tun?

In solchen Fällen müssen seine Eltern oder
Familienmitglieder vor Gott einen angemessenen Glauben
demonstrieren. Wenn der Gott der Liebe ihren Glauben und
ihre Aufrichtigkeit sieht, wird er diesem Menschen die Tür zur
Erlösung öffnen.

Wenn ein Kind stirbt, bevor es die Gelegenheit hatte, Erlösung zu erhalten, liegt die Schuld bei seinen Eltern. Deshalb musst du wissen, dass ein lebendiger Glaube nicht nur für die Eltern selbst, sondern auch für ihre Nachkommen sehr wichtig ist.

Du solltest auch das Herz Gottes verstehen, der eine Seele als wertvoller erachtet als die ganze Welt. Ich ermutige dich zu einer Liebe, die so groß ist, dass du dich nicht nur um das Wohl deiner eigenen Kinder kümmerst, sondern auch um das Wohl der Kinder deiner Nachbarn und Verwandten.

Wurden Adam und Eva gerettet?

Adam und Eva wurden aus dem Paradies auf die Erde hinausgetrieben, nachdem sie im Ungehorsam von dem Baum der Erkenntnis von Gut und Böse gegessen hatten. Sie hörten nie das Evangelium. Konnten sie dennoch gerettet werden?

Adam und Eva waren Gott ungehorsam

Am Anfang schuf Gott Adam und Eva nach seinem Bild und liebte sie sehr. Gott hatte bereits alles für ihr Leben im Überfluss vorbereitet und führte sie in den Garten Eden. Adam und Eva mangelte es an nichts.

Darüber hinaus gab Gott Adam große Macht und Autorität über alle Dinge im Universum. Adam herrschte über alles Leben auf der Erde, am Himmel und im Wasser. Der Feind Satan und der Teufel wagten es nicht, den Garten zu betreten, weil er von

Adam bewacht und beschützt wurde.

Gott lebte mit Adam und Eva zusammen und lehrte sie liebevoll in geistlichen Dingen – genauso wie es ein Vater bei seinen geliebten Kindern tun würde. Adam und Eva mangelte es an nichts, doch sie wurden von der listigen Schlange versucht und aßen von der verbotenen Frucht.

Schließlich gelangten sie gemäß dem Wort Gottes, wo es heißt, dass sie sterben müssten (1. Mo. 2, 17), an den Punkt, an dem sie einen Vorgeschmack auf den Tod bekamen. In anderen Worten, ihr lebendiger Geist starb. Die Folge davon war, dass sie aus dem schönen Garten Eden auf die Erde hinausgetrieben wurden. Die Entwicklung des Menschen begann auf diesem verfluchten Land, und gleichzeitig wurden auch alle Dinge, die bereits auf der Erde waren, verflucht.

Wurden Adam und Eva gerettet? Manche Menschen denken vielleicht, sie konnten sicher keine Erlösung erhalten, weil alle Dinge verflucht waren und ihre Nachkommen aufgrund ihres Ungehorsams leiden mussten. Dennoch ließ der Gott der Liebe die Tür der Erlösung für sie geöffnet.

Adam und Eva taten Buße

Gott vergibt dir, wenn du von ganzem Herzen Buße tust und zu ihm zurückkehrst. Das ist auch dann der Fall, wenn du mit der Erbsünde und allen möglichen anderen Sünden befleckt bist, die du während deines Lebens in dieser Welt voller Finsternis und Bosheit begangen hast. Wenn du aus tiefstem Herzen Buße tust und zu ihm zurückkehrst, wird Gott dir vergeben, sogar wenn du einen Mord begangen hast.

Wenn man Adam und Eva mit den Menschen unserer heutigen Zeit vergleicht, wird klar, dass sie wirklich ein reines und gutes Herz hatten. Darüber hinaus war es Gott selbst, der sie lange Zeit in seiner sanften Liebe gelehrt hatte. Wie hätte er Adam und Eva dann in die Hölle schicken können, ohne ihnen zu vergeben, als sie vom Grund ihres Herzens Buße taten?

Adam und Eva litten sehr, während sie auf der Erde lebten. Im Garten Eden hatten sie in Frieden gelebt und stets alle Arten von Früchten essen können. Jetzt jedoch hatten sie ohne harte Arbeit und Schweiß nichts zu essen. Eva musste ihre Kinder unter größeren Schmerzen zur Welt bringen. Sie vergossen Tränen und empfanden tiefe Trauer über ihre Sünde. Außerdem mussten sie erleben, wie einer ihrer Söhne vom anderen getötet wurde.

Wie sehr werden sie ihr Leben unter dem Schutz und in der Liebe Gottes im Garten Eden vermisst haben, als sie in dieser Welt solche Todesqualen erlitten! Während sie im Garten Eden lebten, erkannten sie weder ihr großes Glück noch waren sie Gott dankbar dafür, weil sie ihr Leben im Überfluss und Gottes Liebe als selbstverständlich ansahen.

Doch jetzt wurde ihnen bewusst, wie glücklich sie zu dieser Zeit gewesen waren und sie dankten Gott für die überfließende Liebe, die er ihnen geschenkt hatte. Am Ende taten sie gründlich Buße für ihre Sünden in der Vergangenheit.

Gott öffnete ihnen die Tür zur Erlösung

Der Lohn der Sünde ist der Tod, doch Gott regiert in Liebe

und Gerechtigkeit und vergibt die Sünden, wenn die Menschen wirklich Buße tun.

Der Gott der Liebe erlaubte Adam und Eva, in den Himmel einzutreten, nachdem sie Buße getan hatten. Sie wurden jedoch nur mit knapper Not gerettet und kamen ins Paradies, denn Gott ist gerecht. Sie hatten Gottes großer Liebe den Rücken gekehrt, und das war keine Kleinigkeit. Aufgrund ihres Ungehorsams waren Adam und Eva verantwortlich dafür, welche Entwicklung die Menschheit nahm, und auch dafür, dass ihre Nachkommen Leiden, Schmerz und Tod erleiden mussten.

Auch wenn es Gottes Vorsehung gewesen wäre, dass Adam und Eva zu einem späteren Zeitpunkt vom Baum der Erkenntnis von Gut und Böse essen, hätte diese Tat des Ungehorsams unzähligen Menschen Leiden und Tod beschert. Deshalb konnten Adam und Eva in keinen besseren Ort im Himmel als in das Paradies eintreten, und natürlich konnten sie auch keinen himmlischen Lohn empfangen.

Gott wirkt in Liebe und Gerechtigkeit

Lass uns einmal anhand des Falles des Apostel Paulus über Gottes Liebe und Gerechtigkeit nachdenken.

Als der Apostel Paulus noch nicht wusste, wer Jesus wirklich war, verfolgte er Menschen, die an Jesus glaubten, und warf sie ins Gefängnis. Als Stephanus zum Märtyrer wurde, als er den Herrn bezeugte, sah Paulus zu, wie er gesteinigt wurde und befürwortete seine Tötung.

Doch auf dem Weg nach Damaskus traf Paulus den Herrn

und nahm ihn an. Zu dieser Zeit sagte ihm der Herr, dass er ein großer Apostel für die Heiden sein und sehr leiden würde. Nach diesem Ereignis tat Paulus gründlich Buße und opferte den Rest seines Lebens dem Herrn.

Er konnte in das neue Jerusalem eintreten, weil er seine Mission trotz großer Leiden ausführte und so treu war, dass er sein Leben dem Herrn hingab.

Es ist ein Naturgesetz in dieser Welt, dass man erntet, was man sät. Dasselbe gilt für die geistliche Welt. Man erntet Güte, wenn man Güte sät, und Böses, wenn man Böses sät.

Wie du an der Geschichte des Paulus sehen kannst, musst du dein Herz behüten, wachsam bleiben und im Gedächtnis behalten, dass deinen bösen Taten in der Vergangenheit Prüfungen folgen werden, und zwar auch dann, wenn sie dir vergeben wurden, weil du aufrichtig Buße für sie getan hast.

Was geschah mit Kain, dem ersten Mörder?

Was geschah mit Kain, dem ersten Mörder, der starb, ohne je das Evangelium gehört zu haben? Lass uns ansehen, ob er durch die Beurteilung des Gewissens gerettet wurde oder nicht.

Die Brüder Kain und Abel brachten Gott ein Opfer dar

Nachdem Adam und Eva aus dem Garten Eden vertrieben worden waren, bekamen sie auf der Welt zwei Kinder: Kain war ihr erster Sohn und Abel sein jüngerer Bruder. Als sie herangewachsen waren, brachten sie Gott ein Opfer dar. Kain brachte Gott von den Früchten des Ackerbodens eine Opfergabe dar, doch Abel brachte von den Erstlingen seiner Herde und von ihrem Fett.

Und der Herr blickte auf Abel und auf seine Opfergabe, aber auf Kain und auf seine Opfergabe blickte er nicht. Warum blickte der Herr mit Wohlgefallen auf Abel und sein Opfer?

Du darfst Gott kein Opfer gegen seinen Willen bringen. Gemäß dem Gesetz der geistlichen Welt solltest du Gott mit dem Blut eines Opfers anbeten, durch das Sünden vergeben werden können. Deshalb opferten die Menschen zu alttestamentlicher Zeit Ochsen oder Lämmer, um Gott anzubeten, und in neutestamentlicher Zeit wurde Jesus, das Lamm Gottes, zu einem wiedergutmachenden Opfer, indem er sein Blut vergoss.

Gott nimmt dich mit Freuden an, beantwortet dein Gebet und segnet dich, wenn du ihn mit dem Opferblut anbetest, das bedeutet, wenn du ihn im Geist anbetest. Ein geistliches Opfer bedeutet, Gott im Geist und in der Wahrheit anzubeten. Gott freut sich nicht über deine Anbetung, wenn du während des Gottesdienstes einnickst oder während der Predigt träge deinen eigenen Gedanken nachhängst.

Gott blickte mit Wohlgefallen auf Abel und sein Opfer

Adam und Eva kannten das Gesetz hinsichtlich von

Opfergaben sehr gut, denn Gott hatte es sie im Garten Eden lange Zeit gelehrt. Sicher gaben sie auch an ihre Kinder weiter, wie man Gott ein angemessenes Opfer darbringt.

Abel betete Gott im Gehorsam gegenüber der Lehre seiner Eltern mit dem Opferblut an. Kain jedoch brachte kein Blutopfer dar, sondern opferte nach seinem eigenen Ermessen Früchte des Ackerbodens.

Dazu heißt es in Hebräer 11, 4: *„Durch Glauben brachte Abel Gott ein besseres Opfer dar als Kain, durch welchen Glauben er das Zeugnis erhielt, gerecht zu sein, indem Gott Zeugnis gab zu seinen Gaben; und durch diesen Glauben redet er noch, obgleich er gestorben ist."*

Gott akzeptierte Abels Opfer, weil er ihn im Glauben und im Gehorsam gegenüber seinem Willen im Geist anbetete. Kains Opfer jedoch akzeptierte Gott nicht, weil er ihn nicht im Geist, sondern lediglich entsprechend seinen eigenen Vorstellungen anbetete.

Kain tötete Abel aus Neid

Als Kain sah, dass Gott das Opfer seines Bruders akzeptierte, seines jedoch nicht, wurde Kain sehr zornig und sein Gesicht senkte sich. Am Ende erhob er sich gegen Abel und erschlug ihn.

Innerhalb nur einer Generation seit der Mensch auf der Erde lebte, brachte Ungehorsam Neid hervor, aus Neid entstanden Gier und Hass, und aus Hass wurde Mord. Wie schrecklich ist das!

Daran kannst du erkennen, wie schnell das Herz der

Menschen mit Sünde verunreinigt wird, wenn sie erst einmal zugelassen haben, dass die Sünde hineinkommt. Deshalb solltest du aufpassen, dass nicht einmal eine kleine Sünde in deinem Herzen bleibt, sondern sie sofort entfernen.

Was geschah mit Kain, dem ersten Mörder? Manche Menschen sagen, dass er nicht gerettet werden konnte, weil er seinen gerechten Bruder Abel tötete.

Von seinen Eltern wusste Kain, wer Gott war. Verglichen mit den Menschen in der heutigen Zeit, wurde den Menschen in Kains Tagen von ihren Eltern nur eine relativ leichte Sünde vererbt. Obwohl Kain seinen Bruder aus Neid tötete, war er nicht durch und durch schlecht.

Deshalb konnte er durch Gottes Bestrafung Buße tun, obwohl er einen Mord begangen hatte, und Gott zeigte sich ihm gegenüber gnädig.

Kain wurde gerettet, nachdem er Buße getan hatte

In 1. Mose 4, 13-15 versuchte Kain Gott davon zu überzeugen, dass seine Strafe zu groß wäre und bat um Gottes Gnade, als er dazu verdammt wurde, unstet und flüchtig auf der Erde zu sein. Gott antwortete: *„Nicht so, jeder, der Kain erschlägt - siebenfach soll er gerächt werden!"* und Gott machte an Kain ein Zeichen, damit ihn nicht jeder erschlüge, der ihn fände.

Du musst erkennen, wie grundlegend Kain Buße tat, nachdem er seinen Bruder getötet hatte. Erst dann war es ihm möglich, mit Gott zu sprechen, und erst dann machte Gott an ihm ein Zeichen seiner Vergebung. Wenn Kain verloren und dazu bestimmt gewesen wäre, in der Hölle zu enden, warum hätte Gott dann auf sein Flehen hören, geschweige denn ein Zeichen an ihm machen sollen?

Als Strafe für den Mord an seinem Bruder musste Kain unstet und flüchtig auf der Erde sein, doch am Ende erhielt er Erlösung, weil er für seine Sünde Buße tat. Doch wie Adam wurde auch er nur knapp gerettet und erhielt die Erlaubnis, am Rand – nicht in der Mitte – des Paradieses zu leben.

Trotz seiner Buße konnte der Gott der Gerechtigkeit Kain nicht erlauben, in einen besseren Ort im Himmel als ins Paradies einzutreten. Obwohl Kain in einer vergleichsweise viel reineren und weniger sündigen Zeit lebte, war er doch bösartig genug gewesen, um seinen eigenen Bruder zu töten.

Dennoch hätte Kain auch in einen besseren Platz im Himmel eintreten können, wenn er daran gearbeitet hätte, sein böses Herz in ein gutes umzuwandeln, und mit aller Kraft und ganzem Herzen versucht hätte, Gott zu gefallen. Doch Kains Gewissen war nicht so gut und rein.

Warum bestraft Gott böse Menschen nicht sofort?

Wenn du ein Leben im Glauben führst, können sich für dich viele Fragen auftun. Manche Menschen sind sehr böse, doch Gott bestraft sie nicht. Andere leiden an Krankheiten oder sterben aufgrund ihrer Boshaftigkeit. Und wieder andere sterben bereits in jungen Jahren, obwohl sie Gott anscheinend sehr treu waren.

König Saul beispielsweise war so böse in seinem Herzen, dass er versuchte, David zu töten, obwohl er wusste, dass Gott David gesalbt hatte. Doch Gott bestrafte Saul nicht. Die Folge davon war, dass Saul David noch mehr verfolgte.

Das war ein Beispiel für die Vorsehung von Gottes Liebe. Gott wollte David schulen, um ihn zu einem großen Gefäß und schließlich durch den bösen Saul zum König zu machen. Deshalb starb König Saul erst, als Gott die Unterweisung Davids beendet hatte.

Auf dieselbe Weise bestraft Gott manche Menschen sofort und erlaubt anderen, ungestraft davonzukommen. Das hängt von dem einzelnen Menschen ab. Doch alles, was Gott tut, entspringt seiner Vorsehung und seiner Liebe.

Sehne dich nach einem besseren Wohnort im Himmel

Jesus sagte: *„Ich bin die Auferstehung und das Leben; wer an mich glaubt, wird leben, auch wenn er gestorben ist; und jeder, der da lebt und an mich glaubt, wird nicht sterben in Ewigkeit. Glaubst du das?"* (Joh. 11, 25-26).

Die Menschen, die erlöst wurden, indem sie das Evangelium angenommen haben, werden mit Sicherheit auferstehen, ihren geistlichen Körper anlegen und die ewige Herrlichkeit im Himmel genießen. Die Menschen, die noch auf der Erde leben, werden in der Wolke gefangen werden, um den Herrn in der Luft zu treffen, wenn er vom Himmel herabsteigt. Je mehr du dem Bild Gottes ähnelst, umso besser wird der Ort im Himmel sein, den du einnimmst.

Dazu sagt uns Jesus in Matthäus 11, 12: *„Aber von den Tagen Johannes des Täufers an bis jetzt wird dem Reich der Himmel Gewalt angetan, und Gewalttuende reißen es an sich.* " Eine weitere Verheißung gab er uns, indem er sagte: *„Denn der Sohn des Menschen wird kommen in der Herrlichkeit seines Vaters mit seinen Engeln, und dann wird er einem jeden vergelten nach seinem Tun.* " (Mt. 16, 27). In 1. Korinther 15, 41 heißt es dazu: *„...ein anderer der Glanz der Sonne und ein anderer der Glanz des Mondes und ein anderer der Glanz der Sterne; denn es unterscheidet sich Stern von Stern an Glanz.* "

Du kannst nicht anders, als dich nach einem besseren Ort im Himmel zu sehnen. Du solltest versuchen, heiliger und in Gottes ganzem Haus treuer zu werden, damit es dir erlaubt wird, in das neue Jerusalem einzutreten, wo der Thron Gottes steht. So wie ein Farmer seine Ernte einbringt, will Gott so viele Menschen wie möglich in ein besseres Himmelreich führen.

Um in den Himmel einzutreten, musst du dich in der geistlichen Welt auskennen

Menschen, die Gott und Jesus Christus nicht kannten, war es kaum möglich, in das neue Jerusalem einzutreten, obwohl sie durch die Beurteilung des Gewissens gerettet wurden.

Es gibt Menschen, die keine klare Vorstellung von der Vorsehung des menschlichen Lebens, dem Herzen Gottes und der geistlichen Welt haben, obwohl sie das Evangelium gehört haben. Deshalb wissen sie weder, dass Gewalttuende das Reich des Himmels an sich reißen, noch haben sie die geringste Hoffnung darauf, in das neue Jerusalem einzutreten.

In der Offenbarung 2, 10 sagt uns Gott: *„Sei treu bis zum Tod! Und ich werde dir den Siegeskranz des Lebens geben."* Gott wird dich im Himmel entsprechend dem, was du gesät hast, überreich belohnen. Diese Belohnung ist sehr kostbar, weil sie andauert und ihre Herrlichkeit in Ewigkeit bewahrt.

Wenn du das im Gedächtnis behältst, kannst du dich als die schöne Braut des Herrn vorbereiten wie die fünf klugen Jungfrauen es taten und vollkommen mit dem Heiligen Geist erfüllt werden.

In 1. Thessalonicher 5, 23 heißt es: *„Er selbst aber, der Gott des Friedens, heilige euch völlig; und vollständig möge euer Geist und Seele und Leib untadelig bewahrt werden bei der Ankunft unseres Herrn Jesus Christus!"*

Deshalb ist es wichtig, dass du die Fülle des Heiligen Geistes erreichst und vorbereitet bist, wenn der Herr Jesus Christus wiederkommt oder Gott deine Seele zu sich ruft – je nachdem, was zuerst der Fall sein wird.

Es reicht nicht aus, jeden Sonntag in den Gottesdienst zu gehen und zu bekennen: „Ich glaube." Du musst alles Böse abwerfen und in Gottes ganzem Haus treu sein. Je besser du Gott gefällst, umso schöner wird der Ort im Himmel sein, in den du einziehst.

Ich ermutige dich, mit diesem Wissen ein wahres Kind

Gottes zu werden. Im Namen des Herrn bete ich, dass du nicht nur hier auf der Erde mit dem Herrn lebst, sondern auch die Ewigkeit nahe bei Gottes Thron verbringen wirst.

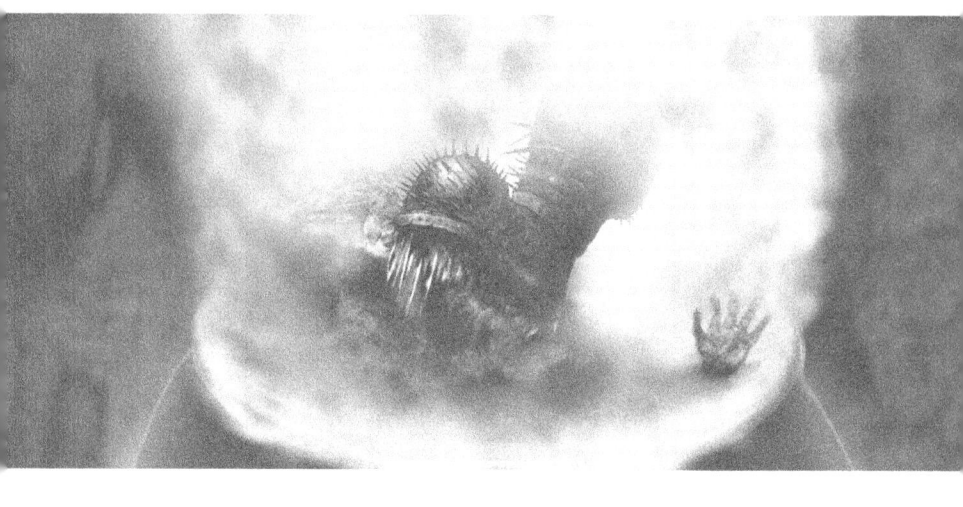

Kapitel 3

Der Hades und die Identität der Botschafter der Hölle

Die Botschafter der Hölle bringen die Menschen in den Hades

Ein Vorort der Welt der bösen Geister

Verschiedene Strafen für verschiedene Sünden

Luzifer hat die Verantwortung für den Hades

Die Identität der Botschafter der Hölle

*„Denn wenn Gott Engel, die gesündigt hatten, nicht
verschonte, sondern sie in finsteren Höhlen des
Abgrundes gehalten und zur Aufbewahrung für das
Gericht überliefert hat."*
- 2. Petrus 2,4 -

*„Mögen zum Scheol sich wenden die Gottlosen, alle
Nationen, die Gott vergessen."*
- Psalm 9,18 -

Jedes Jahr zur Erntezeit sind die Farmer voller freudiger Erwartung auf einen guten Ertrag. Doch obwohl sie Tag für Tag und Nacht für Nacht hart arbeiten, düngen, Unkraut jäten usw., ist der Weizen, den sie ernten, nicht immer von bester Qualität. Die Ernte besteht auch aus zweit- und drittklassigem Weizen sowie der Spreu.

Menschen können sich nicht von Spreu ernähren. Die Spreu kann auch nicht mit dem Weizen zusammen eingesammelt werden, weil sie den Weizen verderben lässt. Deshalb sammeln die Farmer die Spreu getrennt ein und verbrennen sie oder gebrauchen sie als Dünger.

Auf dieselbe Weise verfährt Gott mit den Menschen auf der Erde. Gott suchte wahre Kinder, die dem heiligen und vollkommenen Bild Gottes entsprechen. Doch es gibt Menschen, die ihre Sünden nicht gänzlich loswerden, oder andere, die vollkommen vom Bösen verzehrt werden und ihre menschlichen Pflichten nicht erfüllen. Gott will heilige und wahre Kinder, doch er lässt auch Menschen in den Himmel, die starben, bevor sie sich vollständig von ihren Sünden befreit hatten, wenn sie versucht haben, im Glauben zu leben.

Wenn Menschen Glauben in der Größe eines Senfkorns haben und sich auf das Blut Jesu verlassen, schickt Gott sie – ungeachtet seiner ursprünglichen Absicht, nur wahre Kinder um sich zu versammeln –, nicht in die schreckliche Hölle. Hingegen haben Menschen, die nicht an Jesus Christus glauben und bis zum Ende gegen Gott ankämpfen, keine andere Möglichkeit als in die Hölle zu gehen, weil sie aufgrund der Bosheit in ihrem Inneren den Weg der Zerstörung gewählt haben.

Wie werden nun nicht errettete Seelen in den Hades gebracht, und wie werden sie dort bestraft? Im Folgenden werde ich auf den Hades, der ein Teil der Hölle ist, und auf die Identität der Botschafter der Hölle eingehen.

Die Botschafter der Hölle bringen die Menschen in den Hades

Wenn ein erlöster Mensch, der Glauben hat, stirbt, kommen zwei Engel, um ihn in den Vorhimmel zu bringen. In Lukas 24, 4 lesen wir, dass nach der Beerdigung und der Auferstehung Jesu zwei Engel auf ihn warteten. Wenn ein Mensch, der nicht errettet ist, stirbt, kommen zwei Botschafter der Hölle, um ihn in den Hades zu führen. Normalerweise kann man am Gesichtsausdruck eines im Sterben liegenden Menschen ablesen, ob er errettet ist oder nicht.

Vor dem Augenblick des Todes

Vor dem Augenblick ihres Todes werden die geistlichen Augen der Menschen geöffnet. Ein Mensch stirbt friedlich und mit einem Lächeln, wenn er Engel im Licht sieht, und der tote Körper wird nicht sehr schnell steif. Auch nach zwei oder drei Tagen verwest der Körper nicht und gibt keinen schlechten Geruch von sich. Als scheint fast so, als würde der Mensch noch leben.

Doch wie schrecklich müssen sich nicht errettete Menschen fühlen, wie sehr müssen sie zittern, wenn sie die schrecklichen

Botschafter der Hölle sehen? Sie sterben in entsetzlicher Furcht und sind unfähig, ihre Augen zu schließen.

Wenn über die Errettung eines Menschen Unklarheit besteht, kämpfen die Engel und die Botschafter miteinander, um ihn an den jeweiligen Ort zu bringen. Das ist der Grund, weshalb der Mensch bis zu seinem Tod so angsterfüllt ist. Wie furchtsam und besorgt wäre er erst, wenn er Botschafter der Hölle sieht, die ihn beschuldigen, keinen Glauben zu haben?

Wenn ein Mensch mit schwachem Glauben auf seinem Sterbebett liegt, sollten ihm andere mit starkem Glauben durch Anbetung und Lobpreis helfen, größeren Glauben zu bekommen. Dann kann er sogar auf seinem Sterbebett noch erlöst werden, auch wenn er die schamhafte Erlösung erhält und ins Paradies kommt.

Dann kann man beobachten, wie der sterbende Mensch Frieden bekommt, weil er den Glauben erlangt, gerettet zu werden, während andere um seinetwillen Gott anbeten und preisen. Wenn ein Mensch mit starkem Glauben auf dem Sterbebett liegt, braucht er in dieser Hinsicht keine Hilfe. Dann ist es besser, ihm Freude und Hoffnung zu spenden.

Ein Vorort der Welt der bösen Geister

Auch ein Mensch mit sehr schwachem Glauben kann gerettet werden, wenn er durch Anbetung und Lobpreis auf seinem Sterbebett Glauben erlangt. Wenn er jedoch nicht gerettet wird, führen ihn die Botschafter der Hölle an den Vorort des Hades und er muss sich auf die Welt der bösen Geister einstellen.

Ebenso wie die geretteten Seelen eine Eingewöhnungsphase von drei Tagen im Vorhimmel haben, bleiben auch nicht gerettete Seelen drei Tage lang an dem Vorort im Hades, der einer großen Grube ähnelt.

Drei Tage der Eingewöhnung

Der Vorhimmel, wo die geretteten Seelen drei Tage lang bleiben, ist voller Jubel, Frieden und Hoffnung auf das herrliche Leben, das vor ihnen liegt. Am Vorort des Hades jedoch ist das genaue Gegenteil der Fall.

Nicht errettete Seelen sind dazu bestimmt, in unerträglicher Qual zu leben, indem sie entsprechend ihren Taten in dieser Welt verschiedene Strafen erhalten. Bevor sie in den Hades hinabgeworfen werden, bereiten sie sich an dem Vorort drei Tage lang auf das Leben in der Welt der bösen Geister vor. Diese drei Tage sind alles andere als friedlich und nur der Beginn ihres ewig andauernden qualvollen Lebens.

Verschiedene Arten von Vögeln mit großen und spitzen Schnäbeln picken auf die Seelen ein. Im Gegensatz zu den Vögeln dieser Welt sind diese Vögel sind sehr hässliche und verabscheuungswürdige geistliche Objekte.

Die nicht erretteten Seelen sind bereits von ihrem Körper getrennt. Deshalb nimmst du vielleicht an, dass sie keinen Schmerz mehr verspüren können. Doch die Vögel können sie verletzen, weil auch sie geistliche Wesen sind.

Immer wenn die Vögel auf die Seelen einpicken, fügen sie

ihrem Körper Hautverletzungen und klaffende, blutige Fleischwunden zu. Die Seelen versuchen, den Vögeln zu entkommen, doch sie können es nicht. Sie können sich nur niederkauern und schreiend gegen sie ankämpfen. Manchmal gelingt es den Vögeln, ihnen die Augen herauszupicken.

Verschiedene Strafen für verschiedene Sünden

Nach ihrem dreitätigen Aufenthalt an dem Vorort des Hades, werden den nicht erretteten Seelen entsprechend ihrer Sünden in dieser Welt verschiedene Orte der Bestrafung zugeteilt. Ebenso wie der Himmel ist auch die Hölle sehr weitläufig, sodass es auch im Hades, der nur ein Teil der Hölle ist, viele verschiedene Orte gibt, an die nicht errettete Seelen gebracht werden können.

Verschiedene Orte der Bestrafung

Überall im Hades ist es dunkel und feucht. Die Seelen können die brütende Hitze spüren. Unerrettete Seelen werden ständig gequält. Sie werden geschlagen, es wird auf sie eingepickt und an ihnen gerissen.

Wenn in dieser Welt dein Arm oder dein Bein abgeschnitten wird, musst du ohne den Arm oder das Bein leben. Wenn du stirbst, sind die damit verbundenen Qualen und Schwierigkeiten vorüber. Wenn dir jedoch im Hades der Kopf abgeschnitten wird, regeneriert er sich von selbst wieder. Auch wenn ein anderer Teil deines Körpers abgeschnitten wird, stellt dein Körper das entsprechende Glied von selbst wieder her. Es gibt nichts, was du tun kannst, um der Tortur ein Ende zu bereiten, ob sie nun darin besteht, dass auf dich eingepickt wird oder dass deine Körperteile in Stücke gerissen werden. Ebenso gut könntest du versuchen, mit einem Schwert Wasser zu zerschneiden.

Bald nachdem die Vögel dir die Augen ausgestochen haben, wachsen dir gesunde Augen nach. Selbst wenn du so verwundet wirst, dass deine Gedärme herausquellen, wirst du schnell wiederhergestellt. Dein Blut fließt unaufhörlich, während du gequält wirst, doch du kannst nicht sterben, weil das Blut schnell wieder aufgefüllt wird. Nach diesem entsetzlichen Muster wirst du immer wieder gepeinigt.

Deshalb gibt es im Hades einen Fluss aus Blut, der seinen Ursprung in dem dort vergossenen Blut der Seelen hat. Bedenke, dass ein Geist unsterblich ist. Wenn er für immer und ewig gequält wird, dauert auch seine Pein für ewig an. Die Seelen flehen um den Tod, doch sie können und dürfen nicht sterben. Aufgrund der unablässigen Torturen ist der Hades von den Schreien und dem Stöhnen der Menschen und dem Geruch von verwesendem Blut erfüllt.

Todesschreie im Hades

Ich nehme an, dass einige von euch einen Krieg miterlebt haben. Wenn nicht, hast du vielleicht in Kriegsfilmen oder historischen Dokumentationen erschreckende Kriegsszenen gesehen. Überall sind verwundete Menschen. Manche von ihnen haben einen Arm oder ein Bein verloren. Ihre Augen sind zerstört und sie haben Kopfverletzungen, aus denen sogar ihr Gehirn austritt. Niemand weiß, wann das nächste Artilleriefeuer auf ihn herniederprasselt. Die Luft ist voll von Rauch, der die Menschen kaum atmen lässt, von dem Geruch nach Blut und von Schreien und Klagen. Ein solches Szenario nennen die Menschen „die Hölle auf Erden".

Doch die katastrophalen Szenen im Hades sind noch weit schrecklicher als die schlimmste Szene auf irgendeinem Schlachtfeld der Welt. Darüber hinaus leiden die Seelen im Hades nicht nur unter ihrer gegenwärtigen Qual, sondern auch unter der Furcht vor den Qualen, die noch kommen werden.

Sie können die Pein nicht ertragen und versuchen, ihr zu entkommen, doch es ist vergebens. Was sie erwartet ist das gleißende Feuer und der Schwefel der tieferen Teile der Hölle.

Wie bedauernswert und beklagenswert sind diese Seelen, wenn sie angesichts des brennenden Schwefels in der Hölle sagen: „Ich hätte an das Evangelium glauben sollen, als mir davon berichtet wurde. Ich hätte nicht sündigen sollen!" Doch für sie gibt es keine zweite Chance und keinen Weg der Erlösung mehr.

Luzifer hat die Verantwortung für den Hades

Wir sind nicht in der Lage, uns die Art und Weise und das Ausmaß der Bestrafung im Hades vorzustellen. So wie es auf dieser Welt verschiedene Foltermethoden gibt, ist das auch im Hades der Fall.

Manche Seelen leiden daran, dass ihre Körper verwesen. Die Körper anderer werden aufgefressen oder es wird an ihnen herumgenagt. Es ist auch möglich, dass verschiedene Käfer und Insekten das Blut heraussaugen. Wieder andere werden gegen glühend heiße Steine gepresst oder müssen auf Sand stehen, dessen Temperatur sieben Mal höher ist als an den Stränden oder in den Wüsten dieser Welt. Es gibt auch Foltern mit Wasser, Feuer und anderen unglaublichen Methoden und Mitteln. In manchen Fällen legen die Botschafter der Hölle bei der Folter der verlorenen Seelen selbst Hand an.

Dieser Ort der ungeretteten Seelen untersteht nicht der Herrschaft Gottes. Er hat den bösen Geistern die Autorität verliehen, über diesen Ort zu herrschen. Der Führer aller bösen Geister, Luzifer, herrscht über den Hades, wo die nicht erretteten Seelen bleiben müssen wie die Spreu. Dort gibt es keine Gnade und kein Erbarmen.

Die Identität von Luzifer, dem Führer aller bösen Geister

Wer ist Luzifer? Luzifer war einer der Erzengel. Gott liebte ihn sehr und nannte ihn „Sohn der Morgenröte" (Jes. 14, 12). Dennoch rebellierte Luzifer gegen Gott und wurde zum Anführer der bösen Geister.

Die Engel im Himmel sind nicht menschlich und besitzen keinen freien Willen. Deshalb können sie keine eigenen

Entscheidungen treffen. Sie befolgen nur Befehle, ähnlich wie Roboter es tun. Doch manchen Engeln verleiht Gott Menschlichkeit und lässt ihnen seine Liebe zuteil werden. Luzifer, der einer dieser Engel war, war für die himmlische Musik verantwortlich. Luzifer pries Gott mit seiner schönen Stimme und musikalischen Instrumenten und fand Gottes Wohlgefallen, indem er von der Herrlichkeit Gottes sang.

Doch Gottes besondere Liebe zu ihm ließ ihn allmählich arrogant werden, und sein Verlangen, größer und mächtiger zu werden als Gott führte schließlich dazu, dass er gegen ihn rebellierte.

Luzifer rebellierte gegen Gott und forderte ihn heraus

Die Bibel sagt uns, dass eine große Zahl von Engeln Luzifer nachfolgte (2. Petr. 2, 4; Jud. 6). Im Himmel gab es unzählige Engel, von denen etwa ein Drittel mit Luzifer ging. Du kannst dir vorstellen, wie viele das waren. Luzifer rebellierte in seiner Arroganz gegen Gott.

Wie brachte Luzifer die vielen Engel dazu, ihm zu gehorchen? Das kannst du leicht verstehen, wenn du dir die Tatsache bewusst machst, dass Engel nur Befehle befolgen wie Maschinen oder Roboter.

Zuerst gewann Luzifer die Unterstützung der obersten Engel, und sobald diese unter seinem Einfluss standen, war es ein Leichtes, auch die ihnen untergeordneten Engel für sich zu gewinnen.

Außer den Engeln schlossen sich auch Drachen und ein Teil der Cherubim unter den geistlichen Wesen Luzifers Rebellion an. Doch letztendlich wurde Luzifer, der Gott herausforderte, besiegt und mit seinen Nachfolgern aus dem Himmel geworfen. Dann wurden sie im Abgrund gefangen gehalten, bis sie für die Menschen gebraucht wurden.

> *Wie bist du vom Himmel gefallen, du Glanzstern, Sohn der Morgenröte! Wie bist du zu Boden geschmettert, Überwältiger der Nationen! Und du, du sagtest in deinem Herzen: „Zum Himmel will ich hinaufsteigen, hoch über den Sternen Gottes meinen Thron aufrichten und mich niedersetzen auf den Versammlungsberg im äußersten Norden. Ich will hinaufsteigen auf Wolkenhöhen, dem Höchsten mich gleichmachen." Doch in den Scheol wirst du hinabgestürzt, in die tiefste Grube. (Jes. 14, 12-15)*

Solange Luzifer im Himmel war und Gottes überfließende Liebe besaß, war er unbeschreiblich schön. Nach seiner Rebellion jedoch wurde er hässlich und erschreckend.

Menschen, die ihn mit ihren geistlichen Augen gesehen haben, sagen, dass allein sein hässlicher Anblick in höchstem Maß widerwärtig sei. Mit seinem ungepflegten Haar, das in roten, weißen und gelben Strähnen weit vom Kopf absteht, sieht er Furcht erregend aus.

Heute verleitet Luzifer Menschen dazu, ihn hinsichtlich seiner Kleidung und seiner Frisur nachzuahmen. Wenn die

Menschen tanzen, sind sie sehr wild, laut und hässlich und krümmen ihre Finger.

Das sind die Strömungen unserer Zeit, die Luzifer initiiert, und sie werden durch die Massenmedien und die Kultur noch weiter verbreitet. Diese Trends können die Gefühle der Menschen verletzen und sie ins Chaos stürzen. Außerdem täuschen sie die Menschen, sodass sie sich von Gott entfernen und ihn sogar verleugnen.

Die Kinder Gottes sollten anders sein und sich nicht von diesen Strömungen verleiten lassen. Wenn du es dennoch tust, ist die natürliche Folge, dass du die Liebe Gottes von dir fernhältst, weil dein Herz und deine Gedanken von der Welt gefangen sind (1. Jo. 2, 15).

Die bösen Geister machen den Hades zu einem furchtbaren Ort

Gottes Liebe ist die Güte selbst. In seiner Weisheit und seinem Urteilsvermögen bereitet er alle Dinge für uns vor. Er will, dass wir auf ewig glücklich sind und in seinem schönen Himmelreich leben. Luzifer hingegen ist die Bosheit selbst. Die bösen Geister in Luzifers Gefolge denken ständig darüber nach, wie sie die Menschen noch schlimmer foltern können. In ihrer bösartigen Weisheit machen sie den Hades zu einem noch schrecklicheren Ort, indem sie sich alle möglichen Foltermethoden ausdenken.

Auch während der ganzen Geschichte dieser Welt haben Menschen verschiedene Foltermethoden entwickelt. Als Korea unter der Herrschaft Japans stand, folterten die Japaner koreanische Führer nationaler Unabhängigkeitsbewegungen, indem sie ihnen mit einer Bambusnadel unter die Fingernägel stachen oder ihre Finger- oder Fußnägel einen nach dem anderen herauszogen. Sie hängten sie kopfüber auf und schütteten ihnen eine Mischung aus Pfeffer und Wasser in die Augen oder die Nasenlöcher. In den Folterkammern hing der widerwärtige Geruch von verbranntem Fleisch, weil die japanischen Folterer verschiedene Teile ihrer Körper mit einem heißen Eisen versengten. Sie wurden so hart geschlagen, dass ihr Magen aufbrach und ihre Organe daraus hervorquollen.

Auch für die Verbrecher gab es in der koreanischen Geschichte verschiedene Foltermethoden. Eine Form bestand darin, dass die Beine eines Verbrechers verdreht wurden. Dazu band man ihm die Knöchel und die Knie zusammen und schob zwei Stöcke zwischen seine Unterschenkel. Wenn der Folterer dann die beiden Stöcke drehte, brachen die Beinknochen des Verbrechers in Stücke. Kannst du dir vorstellen, wie schmerzhaft das gewesen sein muss?

Die Qualen, die Menschen anderen zufügen, sind so grausam, dass wir es uns kaum vorstellen können. Wie viel grausamer und elender muss es dann sein, wenn die bösen Geister, die viel mehr Weisheit und Macht besitzen, ungerettete Seelen peinigen? Es ist ein Vergnügen für sie, verschiedene Foltermethoden zu entwickeln und an den unerretteten Seelen auszuprobieren.

Deshalb ist es wichtig, dass du die Welt der bösen Geister kennst, damit du sie beherrschen, kontrollieren und überwinden kannst. Das gelingt dir leicht, wenn du heilig und rein bleibst, ohne dich an die Muster dieser Welt anzupassen.

Die Identität der Botschafter der Hölle

Wer sind die Botschafter der Hölle, die die nicht erretteten Menschen foltern? Es sind gefallene, untergeordnete Engel, die Luzifer in Rebellion nachfolgten, bevor die Welt begann.

…und Engel, die ihren Herrschaftsbereich nicht bewahrt, sondern ihre eigene Behausung verlassen haben, hat er zum Gericht des großen Tages mit ewigen Fesseln unter Finsternis verwahrt… (Jud. 1, 6)

Die gefallenen Engel können nicht in die Welt hinausgehen, weil Gott sie bis zum Gericht vor dem großen weißen Thron an die Finsternis gebunden hat. Manche Menschen behaupten, die gefallenen Engel seien Dämonen, doch das ist nicht richtig. Dämonen sind ungerettete Seelen, die aus dem Hades befreit wurden, um besondere Aufgaben zu übernehmen. Darauf werde ich in Kapitel 8 noch ausführlich eingehen.

Engel, die mit Luzifer gefallen sind

Gott hat die gefallenen Engel bis zum Gericht an die Finsternis – die Hölle – gebunden. Deshalb können die gefallenen Engel nur zu besonderen Gelegenheiten in die Welt kommen.

Sie waren sehr schön, bis sie gegen Gott rebellierten. Seit sie jedoch durch ihren Fall verflucht und zu Botschaftern der Hölle wurden, sind sie weder schön noch strahlend.

Ihre Erscheinung ist schlichtweg widerwärtig. Ihre Gesichter ähneln die Gesichter von Menschen oder von verschiedenen verabscheuungswürdigen Tiere, wie beispielsweise den Schweinen, die in der Bibel beschrieben warden (3. Mo. 11). Sie haben verfluchte, hässliche Gesichter. Ihr Körper ist mit grotesken Farben und Mustern bemalt.

Sie tragen eine eiserne Rüstung und Militärschuhe. An ihrem Körper sind scharfe Folterinstrumente befestigt. Oft halten sie ein Messer, einen Speer oder eine Peitsche in der Hand.

Sie nehmen eine dominante Haltung ein, und wenn sie umhergehen kann man ihre große Kraft spüren. Sie üben in der Finsternis ihre ganze Macht und Autorität aus. Die Menschen fürchten sich sehr vor Dämonen, doch die Botschafter der Hölle sind noch schrecklicher als Dämonen.

Die Botschafter der Hölle foltern Seelen

Welche Rolle spielen nun die Botschafter der Hölle? Da sie die Verantwortung für die Hölle tragen, foltern sie in erster Linie ungerettete Seelen.

Die schlimmeren Foltern, die von den Botschaftern der Hölle ausgeführt werden, sind den Seelen vorbehalten, die eine schwerere Bestrafung im Hades erhalten. Die Botschafter der Hölle in Form von eines hässlicher Schweine zerschneiden die Körper der Seelen oder blasen sie auf wie Luftballons und lassen prellen sie gegen die Wand oder kicken sie herum.

Darüber hinaus quälen sie die Menschen mit verschiedenen weiteren Methoden. Selbst Kinder können von dieser Qual nicht verschont werden. Was unseren Geist zerbrechen lässt, ist die Tatsache, dass die Botschafter der Hölle die Kinder zu ihrem Vergnügen stechen oder schlagen. Deshalb solltest du dein Bestes tun, um zu vermeiden, dass auch nur eine Seele in die Hölle fällt, denn sie ist ein grausamer, elender und entsetzlicher Ort, der mit nie endender Qual und Leiden erfüllt ist.

1992 stand ich aufgrund extremer Überarbeitung und Stress an der Schwelle des Todes. In diesem Moment zeigte Gott mir viele meiner Gemeindemitglieder, die dem Vorbild der Welt folgten. Bis ich diese Szene sah, wünschte ich mir sehr, beim Herrn zu sein. Doch dann musste ich diesem Wunsch Einhalt gebieten, weil ich wusste, dass viele meiner Schafe in die Hölle kommen würden, wenn ich jetzt starb.

Deshalb änderte ich meine Meinung und bat Gott, mich aufzuerwecken. Einen Augenblick später erfüllte Gott mich mit neuer Kraft, und zu meiner Überraschung konnte ich von meinem Totenbett aufstehen und wurde vollkommen gesund. Die Kraft Gottes erweckte mich wieder zum Leben. Weil ich so gut über die Hölle Bescheid weiß und so viele Details kenne, verkünde ich in der Hoffnung, auch nur eine weitere Seele zu retten, die Geheimnisse der Hölle, die Gott mir offenbart hat.

Kapitel 4

Die Bestrafung im Hades für nicht geretteter Kinder

Föten und Säuglinge

Kleinkinder

Kinder, die bereits gehen und sprechen können

Kinder zwischen sechs und zwölf Jahren

Jugendliche, die den Propheten Elisa verspottet haben

„Der Tod überrasche sie, lebendig mögen sie hinabfahren in den Scheol; denn Bosheiten sind in ihrer Wohnung, in ihrem Innern."

- Psalm 55,16 -

„Und er ging von dort hinauf nach Bethel. Wie er nun den Weg hinaufging, kamen kleine Jungen aus der Stadt heraus und verspotteten ihn und sagten zu ihm: Komm herauf, Kahlkopf! Komm herauf, Kahlkopf! Er aber wandte sich um, sah sie an und verfluchte sie im Namen des HERRN. Da kamen zwei Bärinnen aus dem Wald und zerrissen von ihnen 42 Kinder."

- 2. Könige 2,23-24 -

Im letzten Kapitel habe ich erklärt, dass der gefallene Erzengel Luzifer über die Hölle regiert und die anderen gefallenen Engel unter seiner Leitung herrschen. Die Botschafter der Hölle quälen unerrettete Seelen entsprechend ihren Sünden. Im Allgemeinen ist die Bestrafung in der Hölle in vier Stufen eingeteilt. Die leichteste Bestrafung wird Menschen auferlegt, die als Folge der Beurteilung des Gewissens in die Hölle kommen. Die schlimmste Bestrafung erhalten Menschen, deren Gewissen gebrandmarkt ist wie mit einem heißen Eisen, und die sich Gott entgegengestellt haben, wie Judas Iskariot es tat, indem er Jesus für seinen persönlichen Gewinn verkaufte.

In den nun folgenden Kapiteln werde ich ausführlich erklären, welche Strafen über ungerettete Seelen im Hades, der zur Hölle gehört, verhängt werden. Bevor ich die Strafen näher erkläre, die Erwachsenen auferlegt werden, werde ich darauf eingehen, wie nicht errettete Kinder verschiedener Altersgruppen bestraft werden.

Föten und Säuglinge

Auch ein gedankenloses Kind kann in den Hades kommen, wenn es die Beurteilung des Gewissens aufgrund seines sündigen Wesens, das es von seinen ungläubigen Eltern geerbt hat, nicht besteht. Das Kind erhält eine relativ leichte Strafe, weil seine Sünde im Vergleich zu der eines Erwachsenen gering ist, aber dennoch muss es hungern und unerträgliche Schmerzen aushalten.

Säuglinge weinen und leiden Hunger

Entwöhnte Babys, die noch nicht laufen oder sprechen können, werden in einen separaten großen Raum gesperrt. Sie können weder denken, noch können sie sich bewegen oder gehen, weil ungerettete Babys dieselben Eigenschaften und dasselbe Bewusstsein behalten wie im Augenblick ihres Todes. Sie wissen nicht, warum sie in der Hölle sind, weil in ihrem Gehirn noch kein Wissen abgespeichert ist. Sie kennen auch weder ihre Mutter noch ihren Vater, sie weinen nur instinktiv vor Hunger. Ein Botschafter der Hölle sticht den Babys mit einem spitzen Gegenstand, der Ähnlichkeit mit einem Bohrer hat, in den Bauch, in die Arme, die Beine, die Augen oder unter ihre Finger- oder Fußnägel. Dann stoßen die Babys schrille Schreie aus und der Botschafter der Hölle lacht vor Vergnügen. Obwohl sie unaufhörlich weinen, kümmert sich niemand um diese Babys. Ihr Geschrei reißt trotz Erschöpfung und schweren Schmerzen nicht ab. Manchmal versammeln sich die Botschafter der Hölle, picken ein Baby heraus und blasen es auf wie einen Ballon. Dann machen sie sich einen Spaß daraus, das Baby umherzuwerfen oder zu -kicken. Wie grausam und schrecklich ist das?

Verlassene Föten werden der Wärme und des Wohlbehagens beraubt

Was ist das Schicksal von Föten, die sterben, bevor sie geboren werden? Wie ich bereits erklärt habe, werden die meisten von ihnen gerettet, doch es gibt einige Ausnahmen.

Föten, deren Eltern sich heftig gegen Gott gewandt und extrem böse Taten begangen haben, können nicht gerettet werden, weil sie deren schlimmes Wesen geerbt haben. Die Seelen unerretteter Föten werden wie die von entwöhnten Babys an einem separaten Ort eingesperrt.

Sie werden nicht so schwer gequält wie die Seelen älterer Menschen, weil sie bis zum Augenblick ihres Todes kein Gewissen besessen und keine Sünde begangen haben. Ihre Strafe und ihr Fluch bestehen darin, dass ihnen die Wärme und das Wohlbehagen des Mutterleibs entzogen werden.

Der Körper ungeretteter Seelen im Hades

Wie sieht der Körper ungeretteter Seelen im Hades aus? Wenn ein entwöhntes Kind stirbt, behält sein Körper im Hades dieselbe Gestalt bei. Ebenso verhält es sich bei einem Fötus, der im Mutterleib stirbt. Die geretteten Seelen im Himmel hingehen werden bei dem zweiten Kommen von Jesus Christus einen neu auferstanden Körper anlegen, obwohl sie dieselbe Gestalt haben wie in dieser Welt. Zu dieser Zeit wird jeder in einen schönen, 33-jährigen Menschen wie der Herr Jesus umgewandelt werden und einen geistlichen Körper bekommen. Wenn ein Mensch sehr klein war, ist sein neuer Körper größer, und bei einem Menschen, dem ein Arm oder ein Bein fehlt, wird dieser Körperteil wiederhergestellt werden.

Die nicht erretteten Seelen in der Hölle jedoch können auch nach der zweiten Ankunft des Herrn keinen neuen, auferstanden Körper anlegen. Sie können nicht auferstehen, weil sie von Jesus Christus kein Leben bekommen haben, und deshalb sind sie in derselben Gestalt wie zum Zeitpunkt ihres Todes. Ihre Gesichter und Körper sind blass und teilweise dunkelblau verfärbt wie Leichen, und ihr Haar ist aufgrund des Schreckens in der Hölle zerzaust. Einige tragen zerlumpte Kleider, andere nur einige Stofffetzen und wieder andere haben nichts, um ihren Körper zu bedecken.

Die geretteten Seelen im Himmel tragen schöne weiße Kleider und glänzende Kronen. Der Glanz ihrer Kleider und ihres Schmucks sind entsprechend der Herrlichkeit und des Lohns eines jeden unterschiedlich. Umgekehrt unterscheidet sich die Erscheinung nicht geretteter Seelen in der Hölle entsprechend des Ausmaßes und der Art ihrer Sünden.

Kleinkinder

Neugeborene Babys wachsen heran, lernen zu stehen, mit wackligen Schritten zu gehen und zu sprechen. Welche Art von Bestrafung wird diesen Kleinkindern auferlegt, wenn sie sterben?

Auch für die Kleinkinder gibt es einen eigenen Raum. Sie leiden instinktiv, weil sie zum Zeitpunkt ihres Todes noch nicht logisch denken oder Dinge vernünftig beurteilen können.

Kleinkinder schreien in unerträglichem Schrecken nach ihren Eltern

Kleinkinder sind erst zwei oder drei Jahre alt. Deshalb wissen sie nicht einmal, dass sie gestorben sind, und auch nicht, warum sie in der Hölle sind, doch sie erinnern sich an ihre Mütter und Väter. Deshalb rufen sie immer wieder: „Wo bist du, Mami? Papi? Ich will nach Hause! Warum bin ich hier?"

Wenn sie auf dieser Welt gefallen waren und sich das Knie aufgeschlagen oder ihre Mütter im Kaufhaus verloren hatten, kamen ihre Mütter schnell herbeigeeilt und drückten sie fest an ihre Brust. Doch nun kommen ihre Mütter nicht, um sie zu trösten, so sehr sie auch schreien und weinen und wenn auch ihre Körper von Blut überströmt sind.

Sie können ihre Eltern, die sie vor dieser schrecklichen Hölle beschützen würden, nicht finden. Diese Tatsache reicht bereits aus, um sie in unerträglichen Schrecken zu versetzen. Doch damit nicht genug –die drohenden Stimmen und das groteske Gelächter der Botschafter der Hölle versetzt sie noch mehr in Angst, sodass sie noch lauter weinen und schreien, doch es nützt alles nichts.

Um sich die Zeit zu vertreiben, klatschen die Botschafter der Hölle die Kleinkinder auf den Po, trampeln auf ihnen herum oder schlagen sie. Die Kinder sind in einem Schockzustand. Unter Schmerzen kauern sie sich zusammen oder versuchen, vor den Botschaftern zu fliehen. Doch der Ort ist so überfüllt, dass sie nicht wegrennen können, und so stoßen sie sich unter Weinen und Schniefen gegenseitig, trampeln aufeinander herum, ziehen sich Prellungen zu und verletzen sich, sodass überall Blut fließt. Unter diesen elenden Umständen schreien die Kinder unablässig nach ihren Müttern. Sie sind hungrig und entsetzt. Diese Bedingungen sind für diese Babys die „Hölle."

Es ist kaum möglich, dass Kinder im Alter von zwei oder drei Jahren bereits schwerwiegende Sünden oder Verbrechen begangen haben. Dennoch werden sie aufgrund ihrer Erbsünde und der Sünden, die sie begangen haben, auf diese Weise bestraft. Wie viel härter werden dann Erwachsene bestraft, die viel mehr und viel schwerere Sünden begangen haben als Kinder?

Doch wir alle können von der Bestrafung der Hölle befreit werden, wenn wir Jesus Christus annehmen, der am Kreuz starb, uns damit freikaufte und jetzt im Licht lebt. Durch Jesus Christus kann jeder von uns in den Himmel gelangen, weil wir durch ihn Vergebung für unsere Sünden aus der Vergangenheit, der Gegenwart und der Zukunft haben.

Kinder, die bereits gehen und sprechen können

Kleinkinder im Alter von drei Jahren können bereits gut laufen und sprechen. Welche Art von Bestrafung erhalten Kinder im diesem Alter im Hades?

Die Botschafter der Hölle jagen die Kinder mit Speeren

Kinder im Alter von drei bis fünf Jahren werden in einen großen, dunklen Raum gebracht und dort ihrer Bestrafung überlassen. Die Botschafter der Hölle verfolgen die Kinder mit dreigezinkten Speeren, um ihre Seelen zu durchbohren wie ein

Jäger das Wild erlegt. Die Kinder rennen, so schnell sie nur können, um ihnen zu entfliehen, doch schließlich gelangen sie an einen Abgrund. Weit unterhalb des Abgrunds sehen sie kochendes Wasser, das der brodelnden Lava eines aktiven Vulkans gleicht. Zuerst zögern die Kinder noch, doch um den Botschaftern der Hölle zu entkommen, haben sie keine andere Wahl als in das kochende Wasser zu springen.

Der Kampf, aus dem kochenden Wasser herauszukommen

Die Kinder konnten nun zwar den bohrenden Speeren in den Händen der Botschafter entkommen, doch jetzt sind sie in dem kochenden Wasser. Kannst du dir vorstellen, wie schmerzvoll das sein muss? Die Kinder kämpfen darum, ihr Gesicht über Wasser zu bekommen, weil es in ihre Nasenlöcher und ihren Mund eindringt. Wenn die Botschafter das sehen, verspotten sie die Kinder und sagen: „Ist das nicht lustig?" oder „Ach, das ist so wunderbar!" Dann rufen sie: „Wer ließ diese Kinder in die Hölle fallen? Lasst uns ihre Eltern auf den Weg des Todes führen und sie hierher bringen, wenn sie sterben, damit sie sehen, wie ihre Kinder leiden und gequält werden!"

Dann werden die Kinder, die verzweifelt versuchen, aus dem kochenden Wasser heraus zu kommen, wie Fische in einem großen Netz gefangen und an den Ort zurückgeworfen, von dem sie losgerannt waren. Von diesem Zeitpunkt an wiederholt sich der schmerzhafte Prozess immer wieder aufs Neue: Die Botschafter der Hölle jagen die Kinder mit ihren Speeren, die

Kinder rennen, bis sie an den Abgrund gelangen, und springen in das kochende Wasser hinab.

Dann kämpfen sie gegen das Wasser an, bis sie von dem großen Netz eingefangen und wieder an ihren Ausgangsort zurückgeworfen werden. Dieser Ablauf wiederholt sich endlos. Wie elend und tragisch das ist!

Hast du dir schon einmal an einem heißen Eisen oder einem heißen Topf die Finger verbrannt? Dann erinnerst du dich sicher noch daran, wie heiß und schmerzhaft das war. Und nun stell dir einmal vor, dein ganzer Körper würde mit heißem Wasser überschüttet werden oder man würde dich in einem großen Becken mit heißem Wasser untertauchen. Allein der Gedanke daran ist bereits schmerzhaft und schrecklich.

Wenn du schon einmal eine Verbrennung dritten Grades erlitten hast, weißt du sicher noch sehr gut, wie extrem schmerzhaft das war. Vielleicht erinnerst du dich auch noch an das rote Fleisch und welchen schrecklichen, faulen Geruch die toten Zellen in dem verbrannten Fleisch ausströmten.

Auch wenn die verbrannte Stelle heilt, bleibt oft eine hässliche Narbe zurück. Die meisten Menschen haben Schwierigkeiten, mit Menschen zusammen zu sein, die solche Narben haben. Manchmal sehen sich sogar die Familienmitglieder des Opfers außerstande, mit ihm zu essen. Auch für den Betroffenen selbst können die Folgen der Verbrennung unerträglich sein. Das kann sogar so weit gehen, dass er geistige Störungen entwickelt oder Selbstmord begeht, weil er das erdrückende Gefühl und die Qualen nicht länger aushält. Wenn ein Kind eine Verbrennung erleidet, spüren auch seine Eltern den Schmerz.

Doch die schlimmste Verbrennung in dieser Welt ist nicht vergleichbar mit der Qual, die die Seelen unerretteter Kleinkinder in der Hölle erleiden. Das Ausmaß der Schmerzen und die Grausamkeit der Strafen, die den Kindern auferlegt werden, übersteigt ganz einfach unser Vorstellungsvermögen.

Vor den wiederkehrenden Strafen gibt es kein Versteck und kein Entkommen

Die Kinder rennen und rennen, um den Botschaftern der Hölle, die sie mit dreigezinkten Speeren in der Hand verfolgen, zu entkommen, springen von dem Abgrund in das kochende Wasser und tauchen vollkommen darin ein. Das kochende, faulig riechende Wasser klebt an ihrem Körper wie teuflische Lava. Es dringt in ihre Nasenlöcher und ihren Mund ein, während sie darum kämpfen, herauszukommen. Wie könnte man das mit irgendeiner Verbrennung in dieser Welt vergleichen, ganz gleich wie schlimm sie ist?

Die Sinne der Kinder sind nicht betäubt, obwohl sie wiederholt und ohne Unterbrechung gequält werden. Sie verlieren weder den Verstand noch fallen sie in Ohnmacht, sodass der Schmerz nicht einmal für kurze Zeit nachlässt. Sie haben auch nicht die Möglichkeit, Selbstmord zu begehen, um ihrer Qual ein Ende zu bereiten. Wie furchtbar das ist!

So also werden Kinder im Alter von drei bis fünf Jahren im Hades für ihre Sünden bestraft. Kannst du dir nun vorstellen, wie die Strafen und deren Ausmaß aussehen, die in anderen Teilen der Hölle auf ältere Menschen warten?

Kinder zwischen sechs und zwölf Jahren

Welche Strafen werden unerretteten Kindern im Altern von sechs bis zwölf Jahren im Hades auferlegt?

Begraben von einem Fluss aus Blut

Seit der Erschaffung der Welt haben unzählige unerrettete Seelen ihr Blut vergossen, während sie im Hades auf schreckliche Weise gefoltert wurden. Wie viel Blut mag dort wohl schon geflossen sein, insbesondere da alle Gliedmaßen, die den Seelen abgeschnitten werden, sofort danach wiederhergestellt werden?

Die Menge ihres Blutes reicht aus, um einen Fluss zu bilden, weil die Bestrafung der Seelen ungeachtet des Blutes, das sie bereits vergossen haben, endlos wiederholt wird. Auch in dieser Welt bildet das Blut der Menschen nach einem großen Krieg oder einem Massaker einen kleinen See oder einen schmalen Bach. Dann ist die Luft vom fauligen Geruch des verwesenden Blutes erfüllt. An einem heißen Sommertag wird dieser Geruch noch schlimmer und lockt alle Arten von schädlichen Insekten an. So können Epidemien von infektiösen Krankheiten entstehen.

Im Hades oder in der Hölle gibt es keinen kleinen See und keinen schmalen Bach aus Blut, sondern einen breiten und tiefen Fluss. Die Kinder im Alter von sechs bis zwölf Jahren werden an seinen Ufern eingegraben. Je schwerer die Sünden sind, die sie begangen haben, umso näher am Fluss und umso tiefer werden sie eingegraben.

Sie graben im Boden

Kinder, deren Bestimmungsort weit vom Fluss des Blutes entfernt sind, werden nicht eingegraben. Doch sie sind so hungrig, dass sie auf der Suche nach etwas zu essen mit bloßen Händen im Boden graben. Verzweifelt graben sie, bis ihre Fingernägel abfallen und ihre Fingerspitzen geschwollen sind, doch es ist umsonst. Nach einiger Zeit sind ihre Finger bis auf die Hälfte ihrer ursprünglichen Größe abgekratzt und blutüberströmt. Man kann sogar die Knochen sehen. Letztendlich sind ihre Handflächen und ihre Finger völlig durchgescheuert. Doch trotz dieses Schmerzes zwingt die schwache Hoffnung, etwas zu essen zu finden, die Kinder dazu, weiter zu graben.

Wenn man näher an den Fluss herangeht, kann man leicht erkennen, dass die Kinder hier böser sind. Je böser die Kinder sind, umso näher werden sie am Fluss platziert. Während sie bis zur Taille im Boden stecken, kämpfen sie in ihrem maßlosen Hunger sogar miteinander und versuchen sich gegenseitig zu beißen, um ein Stück Fleisch abzubekommen.

Die meisten bösen Kinder werden direkt am Ufer des Flusses bestraft. Sie stecken bis zum Hals im Boden. Wenn jemand auf dieser Welt bis zum Hals in den Boden eingegraben würde, würde er letztendlich sterben, weil sein Blut nicht durch den Körper zirkulieren kann. Doch für die ungeretteten Seelen, die in der Hölle bestraft werden, gibt es keinen Tod, sondern lediglich endlose Qualen.

Sie leiden unter dem fauligen Geruch des Flusses. Alle möglichen Insekten wie Moskitos oder Fliegen, die vom Fluss angezogen werden, stechen die Kinder ins Gesicht, doch sie können sie nicht totschlagen, weil sie in den Boden eingegraben sind. Bald sind ihre Gesichter so angeschwollen, dass sie nicht wiederzuerkennen sind.

Elende Kinder: Spielzeuge der Botschafter der Hölle

Doch damit hat das Leiden der Kinder noch lange kein Ende. Es kann geschehen, dass aufgrund des lauten Gelächters der Botschafter der Hölle, die am Ufer des Flusses lagern, das Trommelfell der Kinder reißt. Die Botschafter der Hölle trampeln auch auf den Köpfen der Kinder, die in den Boden eingegraben sind, herum oder setzen sich darauf.

Die Kleider und Schuhe der Botschafter der Hölle sind mit scharfen Objekten ausgestattet. Wenn die Botschafter der Hölle über die Köpfe der Kinder hinwegtrampeln oder sich darauf setzen, werden sie daher gequetscht, ihre Gesichter werden zerschnitten und ihr Haar wird in Büscheln ausgerissen. Außerdem zerfetzen die Botschafter die Gesichter der Kinder oder zertreten ihre Köpfe mit ihren Füßen. Wie grausam diese Bestrafung ist!

Du fragst dich vielleicht: „Ist es möglich, dass Kinder im Grundschulalter bereits so viele Sünden begangen haben, dass sie eine so grausame Bestrafung verdienen?" Doch wie alt diese Kinder auch sein mögen, außer den Sünden, die sie selbst begangen haben, tragen sie auch die Erbsünde in sich. Das geistliche Gesetz, das vorgibt, dass „der Lohn der Sünde der Tod ist", wird auf jeden Menschen angewendet – ungeachtet seines Alters.

Jugendliche, die den Propheten Elisa verspottet haben

2. Könige 2, 23-24 berichtet von einer Begebenheit, in der der Prophet Elisa von Jericho nach Bethel ging. Wie er nun den Weg hinaufging, kamen kleine Jungen aus der Stadt heraus, verspotteten ihn und sagten: „Komm herauf, Kahlkopf!" Als er sie nicht länger ertragen konnte, verfluchte Elisa die Kinder. Da kamen zwei Bärinnen aus dem Wald und zerrissen von ihnen 42 Kinder. Was glaubst du, was mit den 42 Kindern im Hades geschah?

Begraben bis zum Hals

Zwei Bärinnen zerrissen 42 Kinder. Da kannst du dir vorstellen, wie viele Kinder es gewesen sein müssen, die den Propheten Elisa verspotteten. Elisa war ein Prophet, der viele mächtige Werke Gottes vollbrachte. In anderen Worten, Elisa hätte sie nicht verfluchen können, wenn sie ihm nur einige spöttische Worte hinterhergerufen hätten.

Doch sie liefen hinter ihm her und verspotteten ihn mit den Worten: „Komm herauf, Kahlkopf!", bewarfen ihn mit Steinen und stachen mit einem Stock auf ihn ein. Sicher hat der Prophet Elisa sie zunächst ernsthaft ermahnt und geschimpft und sie letztendlich nur deshalb verflicht, weil sie zu böse waren, um Vergebung zu erhalten.

Dieser Zwischenfall geschah vor mehreren tausend Jahren, als die Menschen noch ein viel besseres Gewissen hatten und das Böse noch nicht so vorherrschend war wie in unserer heutigen Zeit. Diese Kinder waren böse genug, um einen alten Propheten wie Elisa, der die mächtigen Werke Gottes tat, zu verspotten.

Im Hades werden diese Kinder nahe am Fluss des Blutes bestraft, wo sie bis zum Hals begraben sind. Sie ersticken fast an dem faulen Geruch des Flusses und werden von allen möglichen Insekten gebissen. Darüber hinaus werden sie von den Botschaftern der Hölle grausam gequält.

Eltern müssen ihre Kinder lehren

Wie verhalten sich die Kinder in der heutigen Zeit? Einige von ihnen lassen ihre Freunde im Stich, nehmen ihnen ihr Taschengeld oder das Geld für ihr Mittagessen weg, schlagen sie und drücken sogar Zigaretten auf ihrer Haut aus – und das nur, weil sie sie nicht mögen. Manche Kinder begehen sogar Selbstmord, weil sie diese wiederholten und grausamen Schikanen nicht länger ertragen können. Andere Kinder bilden bereits in der Grundschule organisierte Banden und bringen sogar Menschen um, indem sie berüchtigte Kriminelle nachahmen.

Deshalb sollten Eltern ihre Kinder so erziehen, dass sie davor bewahrt werden, sich an das Vorbild dieser Welt anzupassen. Stattdessen sollten sie sie dazu anleiten, ein Leben im Glauben zu führen und Gott zu fürchten. Wie schrecklich Leid wird es dir tun, wenn du in den Himmel eintrittst und siehst, wie deine Kinder in der Hölle gequält werden? Es ist zu grauenvoll, um auch nur darüber nachzudenken.

Deshalb solltest du deine kostbaren Kinder dazu erziehen, im Glauben und in der Wahrheit zu leben. Du solltest sie beispielsweise lehren, während eines Anbetungsgottesdienstes nicht zu reden oder umherzurennen, sondern zu beten und Gott mit ihrem ganzen Herzen, ihrem Geist und ihrer Seele zu preisen. Auch Babys, die nicht verstehen können, was ihre Mütter sagen, schlafen während eines Gottesdienstes ruhig und schreien nicht, wenn ihre Mütter für sie beten und sie im Glauben aufziehen. Auch diese Babys werden im Himmel für ihr Verhalten belohnt werden.

Kinder im Alter von drei oder vier Jahren können Gott anbeten und beten, wenn ihre Eltern sie lehren, sich das zur Regel zu machen. Je nach dem Alter der Kinder kann ihr Gebet unterschiedlich intensiv sein. Die Eltern können ihre Kinder dazu anleiten, ihre Gebetszeit Stück für Stück zu verlängern, d. h. von fünf Minuten auf zehn, dann auf 30, auf eine Stunde usw.

Doch ganz gleich, wie klein die Kinder noch sind – wenn die Eltern sie das Wort Gottes entsprechend ihrem Alter und ihrem Verständnis lehren und ihnen erklären, wie man danach lebt, werden sich die Kinder oft mehr anstrengen, sich daran zu halten und einen Lebensstil zu entwickeln, der Gott gefällt. Wenn der Heilige Geist in ihnen wirkt, werden sie auch ihre Sünden bekennen und unter Tränen Buße tun. Ich dränge dich dazu, sie konkret zu lehren, wer Jesus Christus ist, und sie so anzuleiten, dass sie im Glauben wachsen.

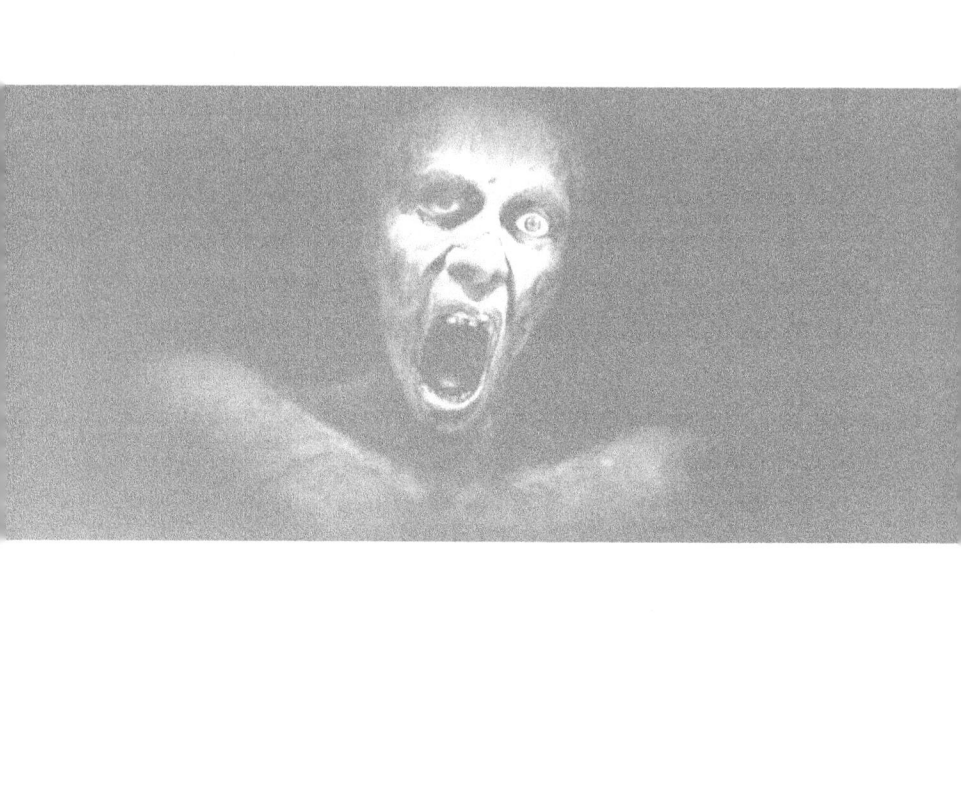

Kapitel 5

Die Bestrafung für Menschen, die nach der Pubertät sterben

„In den Scheol hinabgestürzt ist deine Pracht und der Klang deiner Harfen. Maden sind unter dir zum Lager ausgebreitet, und Würmer sind deine Decke. "
- Jessica 14,11 -

„Die Wolke schwindet und vergeht; so steigt, wer in den Scheol hinabfährt, nicht wieder herauf. "
- Hiob 7,9 -

Jeder, der in den Himmel eintritt, erhält entsprechend seinen Taten in diesem Leben verschiedene Belohnungen und ein unterschiedliches Maß an Herrlichkeit. Im Hades hingegen werden den Menschen entsprechend ihren bösen Taten in diesem Leben unterschiedliche Strafen auferlegt. Die Menschen in der Hölle erleiden ein gewaltiges Ausmaß an immerwährender Pein, und die Schwere der Pein und der Todesqualen fällt bei jedem Menschen entsprechend seinen Taten in diesem Leben unterschiedlich aus. Ob ein Mensch nun im Himmel oder in der Hölle endet – er wird ernten, was er gesät hat.

Je mehr Sünden du begangen hast, umso tiefer wird der Teil der Hölle sein, in den du eintrittst, und je schwerer deine Sünden sind, umso heftiger werden die Todesqualen sein, die du in der Hölle erleidest. Die Schwere der Strafen hängt davon ab, wie sehr das Herz eines Menschen gegen Gott gerichtet ist – in anderen Worten, wie sehr er dem sündigen Wesen Luzifers ähnelt.

In Galater 6, 7-8 heißt es: *„Irrt euch nicht, Gott lässt sich nicht verspotten! Denn was ein Mensch sät, das wird er auch ernten. Denn wer auf sein Fleisch sät, wird vom Fleisch Verderben ernten; wer aber auf den Geist sät, wird vom Geist ewiges Leben ernten. "* Auf diese Weise wirst auch du ernten, was du säst.

Welche Strafen werden Menschen, die nach der Pubertät sterben, im Hades erhalten? In diesem Kapitel werde ich über vier Stufen der Bestrafung sprechen, die den Seelen im Hades entsprechend ihren Taten in diesem Leben auferlegt werden. Bitte verstehe, dass ich hier nicht zu sehr ins Detail gehen kann, weil du dich sonst zu sehr ängstigen würdest.

Die erste Stufe der Bestrafung

Manche Seelen werden dazu gezwungen, auf Sand zu stehen, der sieben Mal heißer ist als der Sand in den Wüsten oder an den Stränden dieser Welt. Sie können ihrem Leiden nicht entkommen, weil es ist, als seien sie in der Mitte einer riesigen Wüste gestrandet.

Bist du schon einmal an einem heißen Sommertag barfuß auf heißem Sand gelaufen? An einem heißen, sonnigen Tag hältst du die Schmerzen an deinen Füßen nicht einmal fünf oder zehn Minuten lang aus. Der Sand in den tropischen Teilen der Erde ist noch viel heißer, und der Sand im Hades ist noch sieben Mal heißer als der heißeste Sand auf der Welt.

Auf meiner Pilgerreise ins Heilige Land versuchte ich, statt einen Wagen zu mieten, auf der glühend heißen asphaltierten Straße zum Toten Meer zu rennen. Zusammen mit zwei anderen Pilgern machte ich mich auf den Weg. Anfangs verspürte ich noch keinen Schmerz, doch nach der Hälfte der Wegstrecke begannen meine Fußsohlen zu brennen. Wir hatten keine Möglichkeit, dem Schmerz zu entkommen, denn auf beiden Seiten der Straße waren Geröllfelder, die ebenso heiß waren.

Schließlich erreichten wir am Ende der Straße einen Swimmingpool und konnten unsere Füße in das kalte Wasser tauchen. Glücklicherweise hatte keiner von uns Verbrennungen erlitten. Wir waren nur etwa zehn Minuten gerannt, doch das war bereits genug, um uns unerträgliche Schmerzen zu bereiten. Nun stell dir vor, dass du *gezwungen* wirst, auf *ewig* auf Sand zu stehen, der sieben Mal heißer ist als jeder Sand auf der Erde.

Ganz gleich wie unerträglich heiß der Sand ist, gibt es keine Möglichkeit, die Bestrafung zu mildern oder zu beenden. Doch das ist noch die leichteste aller Strafen im Hades.

Andere Seelen werden gezwungen, auf einem schweren Felsen zu liegen, der rotglühend erhitzt wurde, und müssen sich auf ewig braten lassen. Die Szene erinnert an Fleisch, das auf einem brütend heißen Grill gegrillt wird. Dann fällt ein weiterer Fels, der ebenfalls rotglühend erhitzt wurde, auf sie herab. Stell dir vor, du bügelst irgendein Kleidungsstück: Das Bügelbrett ist der Fels, auf den das Kleidungsstück – die verdammte Seele – gelegt wird, und das Bügeleisen ist der zweite Fels, der auf das Kleidungsstück gepresst wird.

Die Hitze ist der eine Teil der Tortur, der andere Teil besteht darin, dass durch den herabfallenden Fels der ganze Körper zerschmettert wird. Die Kraft ist stark genug, um seine Glieder, die Rippen und die inneren Organe des Körpers zu zerschmettern. Wenn der Schädel zerschmettert wird, schießen die Augen und sämtliche Flüssigkeiten aus dem Schädel heraus.

Wie kann man diese Qual beschreiben? Obwohl die Seele keinen physischen Körper hat, spürt sie das gewaltige Ausmaß der Schmerzen noch genauso und leidet ebenso darunter wie in ihrem Leben auf der Erde. Sie befindet sich in andauernden Todesqualen. Im Chor mit dem Geschrei der anderen gequälten Seelen klagt und schreit die Seele, gefangen in Angst und Entsetzen: „Wie kann ich dieser Tortur entkommen?"

Die zweite Stufe der Bestrafung

Anhand der Geschichte des reichen Mannes und Lazarus in Lukas 16, 19-31 erhaschen wir einen kurzen Blick auf das Elend im Hades. Durch die Kraft des Heiligen Geistes konnte ich das Wehklagen eines Mannes hören, der im Hades gefoltert wurde. Ich bete dafür, dass du aus deinem geistlichen Schlummer erwachst, wenn du das folgende Bekenntnis liest:

Ich werde hin und her geschleppt
doch es hört nie auf.
Ich renne und renne, doch es gibt kein Ende.
Nirgends finde ich einen Ort, an dem ich mich verstecken kann.
Dieser Ort ist von einem fauligen Geruch erfüllt,
meine Haut schält sich ab und
Insekten knabbern an meinem Fleisch.
Ich versuche zu rennen, vor ihnen zu fliehen,
doch ich trete stets auf der Stelle.
Immer noch beißen sie in meinen Körper und essen ihn auf,
saugen mein Blut heraus.
Ich zittere in Schrecken und Furcht.
Was soll ich tun?

Bitte, ich flehe dich an,
lass die Menschen wissen, was mir widerfährt.
Erzähle ihnen von meiner Folter,
damit sie nicht hier enden.
Ich weiß wirklich nicht, was ich tun soll.

In meiner großen Angst und meinem Entsetzen
kann ich nur stöhnen.
Es ist vergebens, nach einer Zuflucht zu suchen.
Sie kratzen an meinem Rücken.
Sie beißen in meine Arme.
Sie schälen meine Haut ab.
Sie essen meine Muskeln.
Sie saugen mein Blut aus.
Wenn das vorüber ist,
werden sie mich in den Feuersee werfen.
Was kann ich tun?
Was soll ich tun?

Obwohl ich nicht an Jesus als meinen Retter glaubte,
dachte ich, ich sei ein Mann mit einem guten Gewissen.
Bis ich in den Hades geworfen wurde,
war ich mir nie darüber im Klaren,
dass ich so viele Sünden begangen hatte!
Jetzt bleibt mir nur noch das Bedauern
für die Dinge, die ich getan habe.
Bitte sorge dafür,
dass es nicht noch mehr Menschen gibt wie mich.
Viele Menschen hier glaubten, als sie noch lebten,
sie würden ein gutes Leben führen.
Doch sie sind alle hier.
Viele, die vorgaben zu glauben und dachten,
sie würden gemäß dem Willen Gottes leben,
sind auch hier

und werden noch grausamer gequält als ich.
Ich wünschte, ich könnte das Bewusstsein verlieren,
um die Leiden nur einen Augenblick zu vergessen, doch kann es nicht.
Ich kann mich nicht ausruhen, obwohl ich meine Augen schließe.
Wenn ich meine Augen öffne,
kann ich nichts sehen und nichts fühlen.
Während ich weiterhin hier und dorthin renne
bleibe ich doch immer am selben Ort.
Was kann ich tun?
Was soll ich tun?
Ich flehe dich an, bitte sorge dafür,
dass mir niemand in meinen Fußstapfen nachfolgt!

Im Vergleich zu vielen anderen im Hades, ist diese Seele ein relativ guter Mensch. Er fleht Gott an, die Menschen wissen zu lassen, was ihm widerfährt. Selbst in dieser extremen Qual sorgt er sich um die Seelen, die ebenfalls an diesem Ort enden könnten. Auf dieselbe Weise wie der reiche Mann darum bat, seine Brüder zu warnen, damit sie nicht „auch an diesen Ort der Qual kämen" (Lk. 16), fleht auch diese Seele zu Gott.

Doch die Menschen, die in die dritte und vierte Stufe der Bestrafung fallen, besitzen diese Güte nicht. Sie fordern Gott heraus und beschuldigen andere rücksichtslos.

Die Bestrafung des Pharao

Pharao, der König Ägyptens, der sich Mose widersetzte,

erhält die zweite Stufe der Bestrafung, doch das Ausmaß seiner Strafe grenzt an die Bestrafung der dritten Stufe an.

Was tat Pharao in seinem Leben, das so böse war, dass er diese Art von Bestrafung verdiente? Wurde er in den Hades geworfen?

Als die Israeliten unterdrückte Sklaven waren, wurde Moses von Gott dazu berufen, sein Volk aus Ägypten in das verheißene Land Kanaan zu führen. Daraufhin ging Mose zum Pharao und bat ihn um seine Erlaubnis, dass die Israeliten Ägypten verlassen durften. Da der Pharao jedoch wusste, wie wertvoll die Sklavenarbeit der Israeliten war, weigerte er sich, sie gehen zu lassen.

Durch Mose ließ Gott die zehn Plagen über den Pharao, sein Haus und sein Volk kommen. Das Wasser im Nil verwandelte sich in Blut. Frösche, Mücken und Stechfliegen bedeckten sein Land. Das Vieh erkrankte an der Viehpest und sein Volk litt unter Geschwüren, Hagel, Heuschrecken und Finsternis. Jedes Mal, wenn eine neue Plage ausbrach, versprach der Pharao Mose, die Israeliten aus Ägypten ziehen zu lassen, um weiteren Plagen zu entgehen, doch jedes Mal, nachdem Mose zu Gott gebetet und dieser die tödlichen Plagen aus dem Land weggenommen hatte, brach der Pharao sein Versprechen und verstockte sein Herz aufs Neue. Letzten Endes ließ der Pharao die Israeliten ziehen, jedoch erst, nachdem jeder erstgeborene Sohn in Ägypten, vom Thronerben bis hin zu dem erstgeborenen Sohn des Gefangenen im Kerker sowie jeder Erstgeburt des Viehs getötet worden war.

Bald nach der letzten Plage änderte der Pharao seine Meinung jedoch erneut. Er und sein Kriegsvolk machten sich auf und verfolgten die Israeliten, die zu dieser Zeit am Roten Meer lagerten. Die Israeliten fürchteten sich und schrieen zum Herrn. Mose erhob seinen Stab und streckte seine Hand über das Meer aus. Dann geschah ein Wunder. Das Rote Meer wurde durch die Kraft Gottes in zwei Teile geteilt. Die Israeliten durchquerten das Meer auf trockenem Land und die Ägypter jagten ihnen nach. Als Mose auf der anderen Seite des Meers wiederum seinen Stab über das Meer ausstreckte, *„kehrten die Wasser zurück und bedeckten die Wagen und Reiter der ganzen Heeresmacht des Pharao, die ihnen ins Meer nachgekommen waren"* (2. Mo. 14, 28).

Viele nichtjüdische Könige der Bibel, die ein gutes Wesen hatten, glaubten an Gott und beteten ihn an. Der Pharao jedoch hatte ein verstocktes Herz, obwohl er die Kraft Gottes zehn Mal erlebt hatte. Als Folge dessen erlitt der Pharao schwere Katastrophen wie den Tod seines Thronfolgers, die Zerstörung seines Heers und die Armut seines Landes.

Auch in unserer heutigen Zeit hören die Menschen von dem allmächtigen Gott und erleben seine Kraft. Doch sie verstocken ihr Herz, wie der Pharao es tat. Sie nehmen Jesus nicht als ihren persönlichen Retter an und weigern sich, für ihre Sünden Buße zu tun. Was wird mit ihnen geschehen, wenn sie weiterhin so leben, wie sie es jetzt tun? Sie werden auf derselben Stufe der Bestrafung im Hades landen wie der Pharao.

Was widerfährt dem Pharao im Hades?

Der Pharao wird im Brackwasser gefangen gehalten

Der Pharao wird in einem Becken mit übel riechendem Brackwasser gefangen gehalten. Sein Körper ist in dem Becken angekettet, sodass er sich nicht bewegen kann. Er ist dort nicht allein, sondern mit anderen Seelen zusammen, die ähnlich schwere Sünden begangen haben.

Die Tatsache, dass er ein König war, verhilft ihm nicht zu einer besseren Behandlung im Hades. Stattdessen wird der Pharao von den Botschaftern der Hölle noch schlimmer gequält und verspottet, weil er arrogant war und eine Machtposition innehatte, in der er von anderen bedient wurde und ein Leben im Überfluss führte.

Das Becken, in dem der Pharao gefangen gehalten wird, ist nicht nur mit schmutzigem Wasser gefüllt. Hast du schon einmal einen im Wasser oder Abwasser verwesenden Körper gesehen? Oder warst du schon einmal im Hafen, wo die Schiffe anlegen? Das Wasser ist voller Treibstoff und Müll und verströmt einen widerlichen Gestank. Es scheint unmöglich zu sein, dass in dieser Umgebung irgendeine Art von Leben existieren kann. Wenn du deine Hand hineintauchen würdest, müsstest du befürchten, dass deine Haut von all den ekelhaften Bestandteilen im Wasser verseucht wird.

In genau solch einer Umgebung findet sich der Pharao wieder. Darüber hinaus kriechen unzählige Insekten in dem Becken herum. Sie sehen so ähnlich aus wie Maden, doch sie sind viel größer.

Die Insekten nagen an den weicheren Teilen des Körpers

Diese Insekten nähern sich den Seelen, die in dem Becken gefangen sind, und beginnen, an den weicheren Teilen ihrer Körper zu nagen. Sie nagen an den Augen, und durch die Augenhöhlen gelangen sie in den Schädel, wo sie beginnen, das Gehirn zu fressen. Kannst du dir vorstellen, wie schmerzvoll das ist? Am Ende nagen sie an allen Körperteilen vom Kopf bis zu den Zehen. Womit lässt sich diese Todesqual vergleichen?

Wie schmerzhaft ist es, wenn Staub in deine Augen gelangt? Und wie viel schmerzhafter wird es sein, wenn Insekten an deinen Augen nagen? Glaubst du, dass du den Schmerz ertragen kannst, wenn diese Insekten sich durch deinen ganzen Körper fressen?

Stell dir einmal vor, es wird eine Nadel unter deine Fingernägel geschoben oder in deine Fingerspitzen gestochen. Diese Insekten machen damit weiter, die Haut abzuschälen und kratzen langsam die Muskeln ab, bis die Knochen freiliegen. Sie machen auch auf deinem Handrücken nicht Halt. Sie krabbeln schnell deine Arme hinauf zu deinen Schultern und hinunter zu deiner Brust, deinem Bauch, deinen Beinen und deinem Gesäß. Die gefangenen Seelen müssen die Tortur und den Schmerz ertragen, die all das mit sich bringt.

Die Insekten nagen immer wieder an den inneren Organen

Die meisten Frauen fürchten sich, wenn sie Maden sehen, und noch viel weniger möchten sie sie anfassen. Nun stell dir vor, wie Insekten, die noch viel unheimlicher und größer sind als

Maden, über verdammte Seelen herfallen. Zuerst durchlöchern diese Insekten ihren Körper bis zu ihrem Bauch. Dann beginnen sie, an dem Fleisch der fünf Eingeweide und der sechs Därme zu nagen. Dann saugen sie ihnen die Flüssigkeit aus dem Gehirn. Während dieser ganzen Zeit können sich die verdammten Seelen weder bewegen, noch können sie diese furchtbaren Insekten verjagen oder vor ihnen weglaufen.

Die Insekten fahren fort, sich Stück für Stück durch ihren Körper zu fressen, während die Seelen ihnen dabei zusehen müssen. Wenn wir dieser Tortur nur zehn Minuten lang ausgesetzt wären, würde uns das in den Wahnsinn treiben. Eine dieser verdammten Seelen an diesem elenden Ort ist der Pharao, der Gott und seinen Diener Mose herausforderte. Er leidet bei vollem Bewußtsein an diesen Todesqualen, sieht und spürt, wie an seinen Körperteilen genagt und gekratzt wird.

Hat die Tortur ein Ende, wenn sich die Insekten schließlich durch das Fleisch eines Körpers hindurchgefressen haben? Nein. Nach kurzer Zeit werden die abgekratzten und zernagten Teile des Körpers vollkommen wiederhergestellt und die Insekten eilen zu der Seele zurück und beginnen von vorn. Es gibt kein Innehalten und kein Ende. Weder vermindert sich der Schmerz noch gewöhnt sich die Seele an die Tortur.

So funktioniert die geistliche Welt. Wenn die Kinder Gottes im Himmel eine Frucht von einem Baum essen, wächst diese Frucht wieder nach. Ebenso wird im Hades jeder deiner Körperteile sofort wiederhergestellt, nachdem er zerschmettert oder auf eine andere Weise zerstört wurde, ganz gleich, wie oft das geschieht.

Auch wenn jemand ein ehrliches und bewusstes Leben geführt hat

Unter den ehrlichen Menschen sind auch diejenigen, die Jesus und das Evangelium nicht annehmen wollen oder sich nicht dafür entscheiden. Von außen betrachtet scheinen sie gut und edel zu sein, doch sie sind nicht gut und edel entsprechend der Wahrheit.

Galater 2, 16 erinnert uns: „*...aber da wir wissen, dass der Mensch nicht aus Gesetzeswerken gerechtfertigt wird, sondern nur durch den Glauben an Christus Jesus, haben wir auch an Christus Jesus geglaubt, damit wir aus Glauben an Christus gerechtfertigt werden und nicht aus Gesetzeswerken, weil aus Gesetzeswerken kein Fleisch gerechtfertigt wird.*" Der Gerechter ist es, der durch den Namen Jesus Christus gerettet werden kann, und nur dann können ihm durch seinen Glauben an Jesus Christus all seine Sünden vergeben werden. Und wenn er an Jesus Christus glaubt, wird er sicher auch dem Wort Gottes gehorchen.

Wenn jemand den allmächtigen Gott trotz der vielzähligen Beweise für seine Schöpfung des Universums, für seine Wunder und seine Macht immer noch verleugnet, ist er nichts als ein böser Mensch mit einem verstockten Gewissen.

Aus seiner eigenen Sicht mag er ein ehrliches Leben führen. Doch wenn er Jesus weiterhin als seinen persönlichen Retter ablehnt, gibt es für ihn keinen anderen Bestimmungsort als die Hölle. Doch weil solche Menschen im Vergleich zu wirklich bösen Menschen, die so oft gesündigt haben, wie sie wollten, und ihrem sündigen Verlangen nachgegeben haben, ein gutes und ehrliches

Leben geführt haben, werden sie im Hades entweder die erste oder die zweite Stufe der Bestrafung erhalten.

Wenn ein Mensch stirbt, ohne dass er je die Gelegenheit hatte, das Evangelium anzunehmen und auch die Beurteilung des Gewissens nicht besteht, erhält er in den meisten Fällen die erste oder zweite Stufe der Bestrafung. Und, wie du dir denken kannst, muss eine Seele, die die dritte oder vierte Stufe der Bestrafung im Hades erhält, sehr viel böser gewesen sein als viele andere.

Die dritte Stufe der Bestrafung

Die dritte und vierte Stufe der Bestrafung sind all denjenigen vorbehalten, die sich gegen Gott gewendet haben. Ihr Gewissen wurde gebrandmarkt, sie lästerten gegen den Heiligen Geist und behinderten die Begründung und die Ausdehnung von Gottes Reich. Auch jeder, der Gottes Gemeinden als „Heuchler" beschimpft, ohne einen fundierten Beweis dafür zu haben, erhält die dritte oder vierte Stufe der Bestrafung.

Bevor wir nun auf die dritte Stufe der Bestrafung im Hades eingehen, wollen wir uns kurz verschiedene Foltermethoden betrachten, die von Menschen entwickelt wurden.

Grausame, von Menschen erdachte Foltermethoden

Während der Zeit, als die Menschenrechte noch eher eine Phantasievorstellung als die Normalität waren, wurden unzählige Arten körperlicher Bestrafungen, einschließlich verschiedener Formen der Folter und der Exekution, entworfen und durchgeführt.

Im mittelalterlichen Europa beispielsweise schleppten die Gefängniswärter einen Gefangenen in den Keller des Gebäudes, um sein Geständnis zu erzwingen. Auf dem Weg dorthin sah der Gefangene Blutflecken auf dem Boden, und in dem Raum, in den er gebracht wurde, befanden sich verschiedene Folterinstrumente. Aus allen Ecken des Gebäudes waren entsetzliche Schreie zu hören.

Eine der gebräuchlichsten Foltermethoden bestand darin, die Finger und Zehen des Gefangenen in winzige Metallrahmen zu stecken. Dann wurden diese Metallrahmen immer enger gezogen, bis seine Finger und Zehen brachen. Dann wurden ihm die Finger oder Fußnägel einer nach dem anderen herausgezogen, während der Metallrahmen noch weiter angezogen wurde.

Wenn der Gefangene nach all diesen Maßnahmen noch immer kein Geständnis ablegte, wurde er mit auf dem Rücken festgebundenen Armen aufgehängt. Dann wurde sein Körper in alle Richtungen verdreht. Man bereitete ihm noch zusätzliche Schmerzen, indem man seinen Körper immer wieder auf den Boden fallen ließ und dann wieder hochzog. Als schlimmste Tortur wurde am Fußgelenk des Gefangenen ein schweres Stück Eisen befestigt, während er noch in der Luft hing. Das Gewicht des Eisens reichte aus, um die Muskeln und Knochen in seinem Körper zu zerreißen. Wenn auch das noch nicht ausreichte, dass er gestand, wurden noch schrecklichere und qualvollere Foltermethoden angewendet.

Man setzte den Gefangenen in einen speziellen Folterstuhl.

Auf dem Sitz, der Rückenlehne und den Stuhlbeinen befanden sich dicht an dicht winzige Nägel. Beim Anblick dieses Furcht erregenden Stuhls versuchte der Gefangene, um sein Leben zu rennen, doch die Gefängniswärter, die viel größer und stärker waren als er, zwangen ihn zurück zum Stuhl. Innerhalb eines Augenblicks spürte der Gefangene, wie die Nägel seinen Körper durchbohrten.

Eine weitere Foltermethode bestand darin, einen Verdächtigen oder Gefangenen mit dem Kopf nach unten aufzuhängen. Nach einer Stunde stieg sein Blutdruck in unermessliche Höhen an, die Blutgefäße in seinem Gehirn platzten und das Blut schoss durch seine Augen, seine Nase und seine Ohren aus dem Gehirn. Er konnte nicht mehr sehen, riechen und hören.

Manchmal wurde auch Feuer benutzt, um den Gefangenen gefügig zu machen. Der Wärter näherte sich dem Verdächtigen mit einer brennenden Kerze und hielt sie ihm unter die Achselhöhlen oder die Fußsohlen. Die Achselhöhlen wählte man, weil sie zu den empfindlichsten Stellen des menschlichen Körpers gehören, und die Fußsohlen, weil der Schmerz dort länger andauert.

Bei anderen Gelegenheiten wurde der Verdächtige gezwungen, mit bloßen Füßen in heiße Eisenstiefel zu steigen. Dann zupfte der Folterer das zarte Fleisch heraus. Es geschah auch, dass der Folterer dem Gefangenen die Zunge herausschnitt oder seinen Gaumen mit einer heißen Eisenzange verbrannte. Wenn der Gefangene zum Tode verurteilt war, wurde er in einem runden, radähnlichen Gestell festgebunden, das dazu diente, einen Körper in Teile zu zerschmettern. Wenn das Rad dann schnell gedreht wurde, wurde der Körper regelrecht zerrissen, während der Gefangene noch immer am Leben und bei Bewusstsein war. Gelegentlich wurden die Gefangenen getötet, indem man ihnen flüssiges Blei in die Nasenlöcher und in die Ohren träufelte.

Da sie wussten, dass sie die Todesqualen nicht würden ertragen können, bestachen viele Gefangene die Folterer und Gefängniswachen, damit sie ihnen einen schnellen und schmerzlosen Tod bereiteten.

Dies sind einige der Foltermethoden, die der Mensch entwickelt hat. Bereits die bloße Vorstellung davon versetzt uns in Angst und Schrecken. Doch wie du dir nun vorstellen kannst, stehen den Botschafter der Hölle, die unter der strengen Führerschaft von Luzifer stehen, noch viel entsetzlichere Foltermethoden zur Verfügung als alles, was je von Menschen erdacht wurde. Die Botschafter der Hölle haben kein Mitleid und freuen sich sogar darüber, wenn sie die Seelen im Hades vor Entsetzen schreien und weinen hören. Sie sind immer auf der Suche nach noch grausameren und schmerzhafteren Foltertechniken, mit denen sie die Seelen quälen könnten.

Kannst du es dir leisten, in die Hölle zu gehen? Kannst du es dir leisten, deine Lieben, deine Familie und Freunde in der Hölle zu sehen? Alle Christen müssen es als ihre Pflicht ansehen, das Evangelium zu verbreiten und alles zu tun, was in ihrer Macht steht, um auch nur eine weitere Seele davor zu bewahren, in die Hölle zu fallen.

Wie sieht nun die dritte Stufe der Bestrafung aus?

1) Die Botschafter der Hölle in Form von eines scheußliche Schweine

Eine Seele im Hades wird an einen Baum geknüpft und ihr Fleisch wird Stück für Stück in winzige Fetzen zerschnitten. Das ist ähnlich, wie wenn man einen Fisch zerschneidet, um sashimi zuzubereiten. Ein Botschafter der Hölle, der eine hässliche und Furcht erregende Gesicht, bereitet all die nötigen Werkzeuge für die Tortur vor. Ihre Vielfalt erstreckt sich von einem kleinen Dolch bis hin zu einer Axt. Dann wetzt der Botschafter der Hölle die Geräte an einem Stein, obwohl es nicht nötig ist, sie zu schärfen, denn im Hades bleibt jedes Werkzeug immer so scharf wie es nur sein kann. Der wahre Zweck des Wetzens besteht darin, die Seele, die ihre Folter erwartet, noch mehr zu ängstigen.

Das Zerschneiden des Fleisches beginnt an den Fingerspitzen

Wie verängstigt und entsetzt müssen diese Seelen sein, wenn sie die Werkzeuge klappern hören und der Botschafter der Hölle sich ihnen mit einem gruseligen Grinsen nähert!

Dieses Messer wird mein Fleisch in Streifen schneiden...
Diese Axt wird bald meine Gliedmaßen zerhacken...
Was soll ich tun?
Wie soll ich diesen Schmerz ertragen?

Bereits das Entsetzen allein droht die Seele zu ersticken, wenn sie sich bewusst macht, dass sie fest an den Baumstamm gebunden ist und sich nicht bewegen kann. Es fühlt sich an, als würde sich das Seil in ihren Körper schneiden. Je mehr sie versucht, sich zu befreien, umso enger spannt sich das Seil um ihren Körper herum. Der Botschafter der Hölle nähert sich ihr und beginnt, das Fleisch ihres Körpers zu zerschneiden, wobei er an den Fingerspitzen beginnt. Ein blutiger Klumpen Fleisch fällt zu Boden. Er reißt die Nägel werden aus den Fingern heraus, und kurze Zeit später schneidet er auch die Finger ab. Dann arbeitet er sich weiter nach oben über die Handgelenke bis hin zu den Schultern. Alles, was von den Armen der Seele noch übrig bleibt, sind die Knochen. Dann beugt sich der Botschafter nieder zu den Waden und den Innenseiten der Oberschenkel.

Die inneren Organe werden freigelegt

Der Botschafter der Hölle beginnt, den Bauch der Seele herauszuschneiden. Wenn die fünf Eingeweide und die sechs Därme freiliegen, reißt er die Organe und heraus wirft sie weg. Dann nimmt er seine scharfen Werkzeuge und zertrennt auch die anderen Organe.

Bis zu diesem Punkt war die Seele bei Bewusstsein und hat den ganzen Prozess beobachtet: wie ihr Fleisch zerschnitten wird und ihre Gedärme herausgerissen werden. Stell dir einmal vor, jemand hätte dich festgebunden und würde dir einen Teil deines Körpers herausschneiden, beginnend an den Handrücken, und sich in Stücken in der Größe eines Fingernagels voranarbeiten.

Wenn dich das Messer berührt, fließt sofort Blut und das Leiden beginnt. Es gibt keine Worte, die deine Angst angemessen ausdrücken können. Wenn dir im Hades die dritte Stufe der Bestrafung auferlegt wird, wird nicht nur ein Teil deines Körpers gequält, sondern dein gesamter Körper, von Kopf bis Fuß.

Stell dir nochmals sashimi vor, das japanische Gericht aus rohem Fisch. Der Koch zieht dem Fisch die Haut ab und entfernt die Gräten. Dann schneidet er sein Fleisch in möglichst dünne Scheiben. Das Gericht wird in der Form eines lebendigen Fisches angerichtet. Der Fisch scheint immer noch zu leben, man sieht sogar noch, wie sich seine Kiemen bewegen. Der Koch in dem Restaurant hat kein Mitleid mit dem Fisch, denn wenn er es hätte, könnte er seine Arbeit nicht tun.

Bitte bete anhaltend für deine Eltern, deinen Ehepartner, deine Verwandten und deine Freunde. Wenn sie nicht gerettet werden und in die Hölle kommen, werden sie von den Botschaftern der Hölle der Folter unterzogen. Ihre Haut wird abgetrennt und ihre Knochen werden abgeschabt. Als Christ ist es deine Pflicht, die Gute Nachricht zu verbreiten, denn am Tag des Gerichts wird Gott jeden von uns für jeden Menschen verantwortlich machen, den wir nicht in den Himmel führen konnten.

Den Seelen wird in die Augen gestochen

Diesmal nimmt der Botschafter der Hölle statt eines Messers einen Bohrer in die Hand. Die Seele weiß bereits, was auf sie zukommt, denn es ist nicht das erste Mal – sie wurde seit dem Tag, an dem sie in den Hades gebracht wurde, bereits hundert oder gar und tausend Mal gefoltert. Der Botschafter der Hölle nähert sich der Seele, sticht ihr den Bohrer tief ins Auge und lässt ihn eine Weile in der Augenhöhle stecken. Welches Entsetzen muss die Seele verspüren, wenn sie sieht, wie der Bohrer näher und näher kommt? Die Todesqualen, die jemand leidet, dem ein Bohrer ins Auge gestochen wird, sind mit Worten nicht zu beschreiben.

Ist das das Ende der Tortur? Nein. Es bleibt noch das Gesicht der Seele. Der Botschafter der Hölle schneidet nun die Wangen heraus, dann die Nase, die Stirn und schließlich den Rest des Gesichts. Er vergisst auch nicht, die Haut von den Ohren, den Lippen und vom Hals zu schneiden. Wenn der Hals Stück für Stück abgeschnitten wird, wird er immer dünner, bis der Kopf vom Oberkörper herunterfällt. Das ist das Ende dieser Tortur, doch dieses Ende bedeutet nur, dass die Folter von neuem beginnt.

Man kann nicht einmal schreien oder weinen

Nach kurzer Zeit werden alle Teile des Körpers, die zerschnitten wurden, wiederhergestellt, als ob nie etwas geschehen sei. Während der Körper sich regeneriert, gibt es einen kurzen Moment, in dem der Schmerz und die Qual aufhören. Doch diese Unterbrechung erinnert die Seele nur an die Torturen, die sie erwarten, und bald beginnt sie, in unkontrollierbarer Furcht zu zittern. Während sie auf die Folter wartet, hört sie bereits wieder das Geräusch des Wetzens. Von Zeit zu Zeit blickt der Botschafter der Hölle, in Form der eine abscheuliche Schweine, die Seele mit einem grausamen Grinsen an. Der Botschafter ist bereit für eine neue Folterrunde. Die Todesqualen beginnen wieder ganz von vorn. Glaubst du, du könntest das ertragen? Kein Teil deines Körpers wird sich je an die Folterinstrumente oder den unaufhörlichen Schmerz gewöhnen. Je mehr du gefoltert wirst, umso mehr wirst du leiden.

Ein Verdächtiger, der inhaftiert wurde, oder ein Gefangener, der gefoltert werden soll, weiß, dass das, was ihn erwartet, nur kurze Zeit dauern wird, aber dennoch zittert er in überwältigender Furcht. Nun stell dir vor, ein Botschafter der Hölle, der eine hässliche Schweinemaske trägt, würde sich dir mit verschiedenen Werkzeugen in der Hand nähern. Du hörst, wie sie aneinander klappern. Die Tortur wird sich ohne Ende wiederholen: das Fleisch wird abgeschnitten, die inneren Organe werden herausgerissen, es wird in die Augen hineingestochen und vieles mehr.

Einer Seele im Hades nützt es nichts, wenn sie schreit oder den Botschafter der Hölle um sein Leben, um Gnade, um weniger Grausamkeit oder irgendetwas anderes anfleht. Sie ist von den Schreien anderer Seelen, dem Weinen um Gnade und dem Klappern der Folterinstrumente umgeben. Sobald die Seele einen Botschafter der Hölle sieht, wird sie leichenblass und verstummt. Sie weiß, dass sie sich nicht selbst aus diesem Leiden befreien kann, bis sie nach dem Gericht vor dem großen weißen Thron am Ende des Zeitalters (Offb. 20, 11) in den Feuersee geworfen wird. Diese entsetzliche Realität dient nur dazu, den Schmerz noch zu verstärken.

2) Die Bestrafung, bei der der Körper wie ein Ballon aufgeblasen wird

Jeder, der auch nur den Anflug eines Gewissens hat, muss sich schuldig fühlen, wenn er die Gefühle eines anderen verletzt. Und ganz gleich, wie sehr jemand einen anderen in der Vergangenheit gehasst hat – wenn er heute sieht, dass dieser Mensch in Not ist, steigt ein Gefühl des Mitleids in ihm auf, während sich der Hass vermindert – zumindest für eine gewisse Zeit.

Wenn das Gewissen eines Menschen jedoch mit einem heißen Eisen versengt wurde, ist er gegenüber den Todesqualen anderer vollkommen gleichgültig. Vielleicht ist er sogar bereit, die abscheulichsten Gräueltaten zu begehen, um seine Ziele zu erreichen.

Menschen werden wie Müll und Abschaum behandelt

Während des Zweiten Weltkriegs wurden in Deutschland unter der Nazi-Diktatur, in Japan, Italien und anderen Ländern unzählige Menschen bei lebendigem Leib als Objekte für schreckliche, geheime Experimente benutzt. Diese Menschen ersetzten im Wesentlichen Ratten, Kaninchen und andere Tiere, die normalerweise für diesen Zweck gebraucht wurden.

Um beispielsweise herauszufinden, wie lange ein gesunder Mensch bösartigen Krankheitserregern standhalten kann und welche Symptome bestimmte Krankheiten mit sich bringen, wurden ihnen Krebszellen und Viren eingepflanzt. Um eine möglichst genaue Information hierüber zu bekommen, wurde oft der Magen oder der Schädel eines lebendigen Menschen aufgeschnitten. Um die Reaktion eines durchschnittlichen Menschen auf extreme Kälte oder Hitze zu testen, wurden Menschen in einen Raum oder ein Wasserbecken gesperrt, wo die Temperatur dann rapide gesenkt oder drastisch erhöht wurde.

Nachdem diese „Subjekte" ihrem Zweck gedient hatten, ließ man sie oft einfach in ihren Qualen sterben. Man verschwendete keinen Gedanken daran, wie kostbar diese Menschen waren oder wie sehr sie leiden mussten.

Wie grausam und entsetzlich muss es für viele Kriegsgefangene und andere machtlose Menschen gewesen sein, die gegen ihren Willen zu solchen Subjekten degradiert wurden; die zusehen mussten, wie ihr Köper in Stücke geschnitten und mit verschiedenen Krebszellen und Krankheitserregern infiziert wurde und dabei buchstäblich ihren eigenen Tod vor Augen hatten?

Doch die Bestrafung der Seelen im Hades ist noch grausamer als jedes Experiment an lebendigen Körpern, das je von Menschen durchgeführt wurde. Die Männer und Frauen, die zwar nach Gottes Bild erschaffen wurden, jedoch ihrer Würde und ihres Wertes beraubt wurden, werden im Hades behandelt wie weggeworfener Müll oder Abschaum.

Genauso wie wir kein Mitleid für Müll empfinden, haben auch die Botschafter der Hölle weder Mitleid noch Gnade mit diesen Seelen. Sie fühlen sich weder schuldig noch tun die Seelen ihnen leid, und keine Bestrafung ist ihnen hart genug.

Die Knochen splittern und die Haut reißt

Die Botschafter der Hölle betrachten die Seelen lediglich als Spielzeug. Sie blasen die Körper der Seelen auf und kicken sie einander zu.

Das kann man sich nur schwer vorstellen: Wie lässt sich der lange und flache Körper eines Menschen zu einem Ball aufblasen? Und was geschieht dann mit den inneren Organen?

Wenn die inneren Organe und die Lungen aufgeblasen werden, brechen die Rippen und Rückenwirbel, die diese Organe schützen, einer nach dem anderen, Stück für Stück. Die Krönung der ganzen Tortur ist der andauernde, qualvolle Schmerz der überdehnten Haut.

Die Botschafter der Hölle spielen mit diesen aufgeblasenen Körpern der ungeretteten Seelen im Hades, und wenn es ihnen langweilig wird, stechen sie ihnen mit scharfen Speeren in den Magen. So wie ein aufgeblasener Ballon in Stücke zerrissen wird, wenn man einen spitzen Gegenstand hineinsticht, zerplatzen auch die Körper der Seelen und ihr Blut und Fetzen ihrer Haut fliegen in alle Richtungen.

Nach kurzer Zeit jedoch wird der ganze Körper dieser Seelen vollkommen wiederhergestellt und sie kehren an den Ort zurück, wo ihre Bestrafung begann. Wie grausam ist das? Als sie auf dieser Welt lebten, wurden diese Seelen von anderen geliebt, genossen ein gewisses Ansehen und besaßen zumindest grundlegende Menschenrechte.

Wenn sie jedoch im Hades sind, haben sie keinerlei Rechte mehr und werden genauso behandelt wie der Schotter auf dem

Boden. Ihre Existenz besitzt keinen Wert mehr.

Prediger 12, 13-14 erinnert uns:

> *Das Endergebnis des Ganzen lasst uns hören: Fürchte*
> *Gott und halte seine Gebote! Denn das soll jeder Mensch*
> *tun. Denn Gott wird jedes Werk, es sei gut oder böse, in*
> *ein Gericht über alles Verborgene bringen.*

Nach dem Gericht Gottes wurden diese Seelen zu bloßen Spielsachen degradiert, mit denen sich die Botschafter der Hölle vergnügen.

Deshalb müssen wir uns darüber bewusst sein, dass wenn wir nicht das tun, „das jeder Mensch tun soll", nämlich Gott zu fürchten und seine Gebote zu halten, wir nicht mehr als kostbare Seelen erachtet werden, die nach Gottes Bild erschaffen sind, sondern stattdessen den grausamsten Bestrafungen im Hades unterworfen werden.

Die Bestrafung des Pontius Pilatus

Zu der Zeit von Jesus' Tod war Pontius Pilatus ein römischer Herrscher im Gebiet von Judäa, dem heutigen Palästina. Von dem Tag an, an dem er seinen Fuß in den Hades setzte, erhielt er die dritte Stufe der Bestrafung, die auch das Auspeitschen beinhaltet. Aus welchen Gründen wird Pontius Pilatus gefoltert?

Er wusste, dass Jesus gerecht war

Da Pilatus der Herrscher von Judäa war, wurde seine Zustimmung benötigt, um Jesus zu kreuzigen. Als römischer Vizekönig war Pilatus für die ganze Region Judäa verantwortlich. Deshalb musste er über alles informiert sein, was dort vor sich ging, und er hatte an vielen Orten der Gegend Spione, die für ihn arbeiteten. Da Jesus in der Region, die Pilatus unterstand, predigte, wusste Pilatus von den zahllosen Wundern, die Jesus getan hatte, von seiner Botschaft der Liebe, seiner Heilung der Kranken und von seinem Predigen Gottes. Aus den Berichten seiner Spione zog er darüber hinaus den Schluss, dass Jesus ein guter und unschuldiger Mann sein müsse.

Pilatus wusste, dass die Juden aus purer Eifersucht verzweifelt darum bemüht waren, Jesus zu töten. Deshalb unternahm er jede Anstrengung, ihn auf freien Fuß zu setzen. Gleichzeitig befürchtete er jedoch, dass es in seiner Region zu großen gesellschaftlichen Unruhen kommen könnte, wenn er der Forderung der Juden nicht nachkam. Dann wäre auch sein eigenes Leben in Gefahr. Deshalb gab er dem Verlangen der Juden schließlich nach und lieferte Jesus aus, damit er gekreuzigt würde.

Diese feige Entscheidung bestimmte letztendlich Pilatus' Schicksal nach seinem Tod. Vor der Kreuzigung Jesu wurde er auf Befehl des Pilatus von römischen Soldaten ausgepeitscht. Und genau das ist die Strafe, zu der Pilatus selbst verurteilt wurde: zum ewigen Auspeitschen durch die Botschafter der Hölle.

Jedes Mal, wenn sein Name gerufen wird, wird Pilatus ausgepeitscht

Auf diese Weise wurde Jesus ausgepeitscht: Die Enden der langen Lederstreifen der Peitsche waren mit Eisen- oder Knochenstücken versehen. Bei jedem Schlag wand sich die Peitsche um den Körper Jesu und die Knochen- und Eisenstücke gruben sich in sein Fleisch. Dann wurde die Peitsche mit einem Ruck zurückgezogen, sodass sein Fleisch herausgerissen wurde. Zurück blieben tiefe, klaffende Wunden.

Immer wenn Menschen den Namen Pilatus rufen, peitschen die Botschafter der Hölle ihn aus. In vielen Gottesdiensten beten Christen das Apostolische Glaubensbekenntnis. Immer wenn der Teil „gelitten unter Pontius Pilatus" zitiert wird, erhält er weitere Peitschenhiebe. Wenn Hunderte oder Tausende Menschen seinen Namen gleichzeitig zitieren, nehmen die Zahl und die Stärke seiner Peitschenhiebe drastisch zu. Manchmal versammeln sich die Botschafter der Hölle um Pilatus und wechseln sich dabei ab, ihn auszupeitschen.

Auch wenn der Körper des Pilatus bereits in Stücke gerissen und mit Blut bedeckt ist, peitschen die Botschafter der Hölle auf ihn ein, als befänden sie sich in einem Wettkampf. Die Peitsche zerreißt Pilatus' Fleisch, entblößt seine Knochen und legt seine Gedärme frei.

Seine Zunge wird ständig herausgeschnitten

Während er gefoltert wird, schreit Pilatus unablässig: „Bitte ruft mich nicht bei meinem Namen! Jedes Mal, wenn mein Name gerufen wird, erleide ich so schreckliche Qualen." Doch es ist kein Laut aus seinem Mund zu hören. Seine Zunge wurde herausgeschnitten, weil er mit derselben Zunge Jesus zur Kreuzigung verurteilt hatte. Wenn du Schmerzen hast, bringt es dir ein wenig Erleichterung, wenn du schreist und weinst. Pilatus bleibt nicht einmal diese Möglichkeit.

Es gibt eine Sache, die sich bei Pilatus anders verhält als bei den anderen Seelen im Hades. Wenn die verschiedenen Körperteile der anderen verdammten Seelen im Hades abgeschält, abgeschnitten oder verbrannt werden, regenerieren sich diese von selbst. Doch Pilatus' Zunge wurde als Symbol eines Fluchs auf Dauer entfernt. Obwohl Pilatus die Menschen immer wieder anfleht, seinen Namen nicht zu nennen, werden sie es bis zum Tag des Gerichts immer wieder tun. Je öfter sein Name genannt wird, umso schlimmer wird seine Qual.

Pilatus hat bewusst gesündigt

Als Pilatus Jesus zur Kreuzigung überlieferte, „*nahm er Wasser, wusch seine Hände vor der Volksmenge und sprach: Ich bin schuldlos an dem Blut dieses Gerechten.*" (Mt. 27, 24). Daraufhin antworteten ihm die Juden, die nun verbissener denn je verlangten, dass Jesus getötet würde: „*Sein Blut komme über uns und über unsere Kinder!*" (Mt. 27, 25).

Was geschah mit den Juden, nachdem Jesus gekreuzigt worden war? Sie wurden massakriert, als die Stadt Jerusalem von dem römischen General Titus im Jahre 70 n. Chr. eingenommen und zerstört wurde. Seit dieser Zeit wurden sie über die ganze Welt zerstreut und in Ländern, die nicht ihre eigenen waren, unterdrückt. Während des 2. Weltkriegs wurden sie mit Gewalt in zahlreiche Konzentrationslager in Europa verschleppt, wo über sechs Millionen Juden in Gaskammern erstickten oder auf andere Weise brutal getötet wurden. Während der ersten fünf Jahrzehnte seines modernen Staates nach der Unabhängigkeitserklärung von 1948, war der Staat Israel unablässig der Bedrohung, dem Hass und dem bewaffneten Widerstand seiner Nachbarn im Mittleren Osten ausgesetzt.

Obwohl die Juden für ihre Forderung: „Sein Blut komme über uns und über unsere Kinder!" Vergeltung erhalten haben, bedeutet das nicht, dass die Bestrafung des Pilatus in irgendeiner Weise gemildert wurde. Pilatus hat bewusst gesündigt. Er hatte viele Möglichkeiten, die Sünde nicht zu begehen, aber er tat sie trotzdem. Selbst seine Frau, die in einem Traum gewarnt worden war, drängte Pilatus, Jesus nicht töten zu lassen. Doch Pilatus ignorierte sowohl sein eigenes Gewissen als auch den Rat seiner Frau und verurteilte Jesus zum Tod am Kreuz. Die Folge davon war, dass ihm die dritte Stufe der Bestrafung im Hades auferlegt wurde.

Auch heute begehen Menschen Verbrechen, obwohl sie genau wissen, dass es Verbrechen sind. Beispielsweise geben sie die Geheimnisse eines anderen preis, um ihren Vorteil daraus zu ziehen. Die dritte Stufe der Bestrafung im Hades wird denjenigen auferlegt, die gegen andere Komplotts schmieden, ein falsches Zeugnis geben, andere verleumden, Splittergruppen oder Banden bilden, um zu morden oder zu foltern, die feige handeln, andere in Zeiten der Gefahr oder des Schmerzes betrügen und dergleichen.

Gott wird jede Tat in Frage stellen

Genauso wie Pilatus das Blut Jesu in die Hände der Juden gab, indem er seine eigenen Hände in Unschuld wusch, geben manche Menschen anderen die Schuld für eine bestimmte Situation oder einen Umstand. Doch die Verantwortung für seine Sünden liegt bei jedem Menschen selbst. Jeder Mensch besitzt einen freien Willen, und er hat nicht nur das Recht Entscheidungen zu treffen, sondern wird für diese Entscheidungen auch zur Verantwortung gezogen werden. Durch unseren freien Willen treffen wir selbst die Entscheidung, ob wir an Jesus als unseren persönlichen Retter glauben, ob wir den Tag des Herrn heilig halten und Gott unseren Zehnten geben. Das Ergebnis unserer Wahl offenbart sich entweder in dem ewigen Glück im Himmel oder in der ewigen Bestrafung in der Hölle.

Darüber hinaus musst du auch die Konsequenzen jeder Entscheidung tragen, die du einmal getroffen hast. Du kannst niemand anderem die Schuld dafür geben, indem du sagst: „Ich habe Gott wegen der Verfolgung durch meine Eltern den Rücken gekehrt", oder: „Mein Ehepartner ist schuld daran, dass ich den Tag des Herrn nicht heiligen und meinen Zehnten nicht geben konnte." Wenn ein solcher Mensch wirklich Glauben gehabt hätte, hätte er Gott sicher gefürchtet und alle seine Gebote gehalten.

Pilatus, dessen Zunge aufgrund seiner feigen Worte herausgeschnitten wurde, ist nun voller Reue, während er im

Hades unablässig ausgepeitscht wird. Doch auch für ihn gibt es nach dem Tod keine zweite Chance.

Im Gegensatz dazu jedoch steht allen, die noch am Leben sind, diese Chance noch offen. Du solltest nie zögern, Gott zu fürchten und seine Gebote zu halten. In Jesaja 55, 7-8 heißt es: *„Der Gottlose verlasse seinen Weg und der Mann der Bosheit seine Gedanken! Und er kehre um zu dem Herrn, so wird er sich über ihn erbarmen, und zu unserem Gott, denn er ist reich an Vergebung! Denn meine Gedanken sind nicht eure Gedanken, und eure Wege sind nicht meine Wege, spricht der Herr.*“ Weil Gott Liebe ist, lässt er zu, dass wir erfahren, was in der Hölle geschieht, solange wir noch am Leben sind. Das tut er, um viele Menschen aus ihrem geistlichen Schlummer zu erwecken, und uns zu ermächtigen und zu ermutigen, die Gute Nachricht noch mehr Menschen weiterzugeben, damit auch sie in seiner Gnade und Barmherzigkeit leben können.

Die Bestrafung von Saul, dem ersten König Israels

In Jeremia 29, 11 lesen wir: *„Denn ich kenne ja die Gedanken, die ich über euch denke, spricht der Herr, Gedanken des Friedens und nicht zum Unheil, um euch Zukunft und Hoffnung zu gewähren.*“ Diese Worte waren an die Juden gerichtet, als sie nach Babylon ins Exil geschickt wurden. Dieser Vers prophezeit, dass Gott seinem Volk im Exil für die Sünden, die sie gegen ihn begangen hatten, Vergebung und

Barmherzigkeit gewähren würde.

Aus demselben Grund gewährt Gott uns Einblick in die Hölle. Er tut das nicht, um die Ungläubigen und die Sünder zu verfluchen, sondern um all diejenigen zu befreien, die als Sklaven Satans und des Teufels eine schwere Last tragen, und um die Menschen, die nach seinem Bild erschaffen wurden, davor zu bewahren, an diesen elenden Ort hinabzufallen.

Statt die elenden Bedingungen der Hölle zu fürchten, musst du deshalb versuchen, die unermessliche Liebe Gottes zu begreifen und, wenn du noch ungläubig bist, Jesus Christus jetzt gleich als deinen persönlichen Retter annehmen. Wenn du noch nicht nach dem Wort Gottes lebst und deinen Glauben an ihn noch nicht bekennst, kehre um und tu, was er dir sagt.

Saul blieb Gott ungehorsam

Als Saul den Thron bestieg, demütigte er sich in großem Maß. Bald jedoch wurde er sehr arrogant und gehorchte dem Wort Gottes nicht mehr. Er verfiel in böse Machenschaften, wurde verworfen und am Ende wandte Gott sein Angesicht von ihm ab. Wenn du gegen Gott sündigst, musst du dein Denken ändern und ohne Zögern Buße tun. Du solltest nicht versuchen, Entschuldigungen für dich zu finden und deine Sünden zu verbergen. Nur dann wird Gott dein Gebet zur Buße annehmen und dir den Weg der Vergebung öffnen.

Als Saul erfuhr, dass Gott David gesalbt hatte, um ihn an seiner Stelle einzusetzen, betrachtete der König seinen zukünftigen Nachfolger als seinen Nemesis und trachtete den

Rest seines Lebens danach, ihn zu töten. Saul tötete sogar die Priester Gottes, weil sie David halfen (1. Sam. 22, 18). Diese Taten waren ebenso schwerwiegend, wie wenn er Gott von Angesicht zu Angesicht konfrontiert hätte.

König Saul blieb ungehorsam und häufte seine bösen Taten an, doch Gott zerstörte ihn nicht sofort. Obwohl Saul David lange Zeit verfolgte und entschlossen war, ihn zu töten, ließ Gott Saul am Leben.

Das hatte zwei Gründe. Als erstes beabsichtigte Gott, ein großes Gefäß und einen großen König aus David zu machen. Als zweites gab Gott Saul genug Zeit und Gelegenheiten, für seine Missetaten Buße zu tun.

Wenn Gott uns töten würde, wenn wir eine Sünde begehen, die schwer genug ist, dass wir den Tod verdient hätten, wäre keiner von uns mehr am Leben. Gott vergibt, wartet und wartet, doch wenn jemand nicht zu ihm zurückkehrt, wendet er sich von ihm ab. Saul konnte das Herz Gottes nicht verstehen und gab dem Verlangen seines Fleisches nach. Am Ende wurde er von Bogenschützen schwer verwundet und stürzte sich dann in sein eigenes Schwert (1. Sam. 31, 3-4).

Sauls Körper hängt in der Luft

Wie sieht die Bestrafung für den arroganten Saul aus? Während er in der Luft hängt wird sein Bauch von einem scharfen Speer durchbohrt. Die Schneide des Speers ist mit Objekten übersät, die scharfen Bohrern und den Spitzen von

Schwertern ähneln.

Es ist unglaublich schmerzhaft, auf diese Weise in der Luft zu hängen. Noch qualvoller ist es, wenn dabei ein Speer in deinen Bauch gebohrt wird und dein Gewicht den Schmerz nur noch verschlimmert. Der Speer trennt den durchlöcherten Bauch Stück für Stück mit scharfen Schneiden und Bohrern ab. Wenn die Haut auseinander gerissen wird, werden die Muskeln, Knochen und Gedärme bloßgelegt.

Von Zeit zu Zeit nähert sich der Botschafter der Hölle Saul und dreht den Speer in der Wunde herum, sodass all die scharfen Schneiden und Bohrer an dem Speer den Körper noch weiter aufreißen. Das Drehen des Speers lässt Sauls Lungen, sein Herz, seinen Magen und seine Gedärme aufplatzen.

Kurze Zeit, nachdem Saul diese schreckliche Tortur ertragen hat und seine Gedärme in Stücke zerschnitten wurden, werden all seine inneren Organe wieder regeneriert. Sobald sie vollkommen wieder hergestellt sind, kommt der Botschafter der Hölle zu Saul und wiederholt die Prozedur. Während er leidet, denkt Saul an all die Gelegenheiten zur Buße, die er in seinem Leben ignoriert hat.

Warum war ich dem Willen Gottes ungehorsam?
Warum habe ich gegen ihn gekämpft?
Ich hätte die Ermahnung des Propheten Samuel beherzigen sollen!
Ich hätte Buße tun sollen
als mein Sohn Jonatan mich unter Tränen darum bat!
Wenn ich David gegenüber nur nicht so böse gewesen wäre,
wäre meine Bestrafung nun leichter…

Nachdem er nun jedoch in die Hölle gefallen ist, nützen Saul seine Reue und sein Wunsch, Buße zu tun, nichts mehr. Es ist unerträglich für ihn, in der Luft zu hängen, während sich ein Speer durch seinen Bauch bohrt, doch wenn sich ihm der Botschafter der Hölle für eine weitere Folterrunde nähert, wird Saul von Furcht überwältigt. Die Erinnerung an den Schmerz, den er nur Augenblicke vorher ertragen musste, ist noch so real und lebhaft, dass er bei dem Gedanken an das, was auf ihn zukommt, fast erstickt.

Saul fleht vielleicht: „Bitte, lass mich allein!" oder: „Bitte hör mit dieser Tortur auf!", doch es nützt ihm nichts. Je größer Sauls Angst wird, umso mehr freut sich der Botschafter der Hölle. Er dreht und dreht den Speer, und die Todesqualen, die Saul leidet, wenn sein Körper auseinander gerissen wird, wiederholen sich auf ewig.

Arroganz ist der Beginn der Zerstörung

Der folgende Fall ist heutzutage in jeder Gemeinde an der Tagesordnung. Ein neuer Gläubiger wird mit dem Heiligen Geist erfüllt. Eine Zeitlang ist er begierig, Gott und seinen Arbeitern zu dienen. Doch dann beginnt er, dem Willen Gottes, seiner Gemeinde und ihren Dienern ungehorsam zu sein und andere mit dem Wort Gottes, das er gehört hat, zu richten und zu verurteilen. Es kann auch geschehen, dass er überheblich wird.

Die erste Liebe zum Herrn hat mit der Zeit allmählich abgenommen, und seine Hoffnung, die er einmal auf den Himmel gesetzt hatte, liegt nun auf den Dingen dieser Welt – auf Dingen, die er einst hinter sich gelassen hatte. Auch in der Gemeinde will er jetzt von anderen bedient werden. Er ist begierig nach Geld und Macht und schwelgt in fleischlichen Begierden.

Als er noch arm war, hat er vielleicht gebetet: „Gott, segne mich mit materiellem Glück!" Doch was geschieht, wenn er den Segen bekommt? Statt ihn zu gebrauchen, indem er den Armen und den Missionaren hilft und Gottes Werke unterstützt, verschwendet er jetzt Gottes Segen, indem er die Vergnügungen dieser Welt sucht.

Deshalb klagt der Heilige Geist in ihm, sein Geist wird mit vielen Prüfungen und Schwierigkeiten konfrontiert und seine Bestrafung ist vielleicht schon beschlossene Sache. Wenn er weiterhin sündigt, wird sein Gewissen möglicherweise gefühllos werden. Dann kann es geschehen, dass er Gottes Willen nicht mehr von der Gier seines Herzens unterscheiden kann und oft letzterer nachgibt.

Manchmal wird er vielleicht eifersüchtig auf Gottes Diener, die von den Mitgliedern ihrer Gemeinde sehr bewundert und geliebt werden. Möglicherweise belastet er sie zu Unrecht und mischt sich in ihren Dienst ein. Um sich einen Vorteil zu verschaffen, sorgt er dafür, dass innerhalb der Gemeinde Splittergruppen entstehen, wodurch die Gemeinde, in der der Christus wohnt, zerstört wird.

Ein solcher Mensch wird damit fortfahren, Gott zu konfrontieren, das Werkzeug Satans und des Teufels werden und am Ende Saul ähnlich sein.

Gott widersteht den Hochmütigen, den Demütigen aber gibt er Gnade

In 1. Petrus 5, 5 heißt es: „*Denn Gott widersteht den*

Hochmütigen, den Demütigen aber gibt er Gnade. " Die Hochmütigen verurteilen die Botschaft, während sie sie hören: Sie akzeptieren zwar, was mit ihrer eigenen Auffassung übereinstimmt, doch was davon abweicht, weisen sie zurück. Die meisten menschlichen Gedanken unterscheiden sich von den Gedanken Gottes. Du kannst nicht sagen, dass du an Gott glaubst und ihn liebst, wenn du nur die Dinge annimmst, die mit deinem eigenen Denken übereinstimmen.

In 1. Johannes 2, 15 lesen wir: *„Liebt nicht die Welt noch was in der Welt ist! Wenn jemand die Welt liebt, ist die Liebe des Vaters nicht in ihm. "* Ebenso hat ein Mensch, der die Liebe des Vaters nicht in sich hat, auch keine Gemeinschaft mit Gott. Deshalb lügst du und tust nicht die Wahrheit, wenn du sagst, dass du Gemeinschaft mit ihm hast, aber gleichzeitig immer noch in der Finsternis wandelst (1. Jo. 1, 6).

Du solltest stets aufpassen und dich ständig prüfen, ob du vielleicht überheblich geworden ist, ob du willst, dass andere dir dienen statt andersherum, und ob sich die Liebe zu dieser Welt in dein Herz eingeschlichen hat.

Die vierte Stufe der Bestrafung, die Judas Iskariot auferlegt wurde

Wir haben gesehen, dass die erste, die zweite und die dritte Stufe der Bestrafung elender und grausamer sind als wir es uns vorstellen können. Wir haben auch zahlreiche Gründe untersucht, warum diese Seelen eine solch grausame Bestrafung erhalten.

Nun wollen wir auf die Furcht erregendste Strafe von allen im Hades eingehen. Wie sehen die Strafen auf der vierten Stufe aus, und welche bösen Dinge haben diese Seelen getan, um sie zu verdienen?

Eine Sünde, für die es keine Vergebung gibt

Die Bibel sagt uns, dass uns für manche Sünden vergeben werden kann, wenn wir Buße dafür tun, während es andere Sünden gibt, die nicht vergeben werden können – die Art von Sünde, die dich zum Tod führt (Mt. 12, 31-32; Heb. 6, 4-6; 1. Jo. 5, 16). Menschen, die gegen den Heiligen Geist lästern, sündigen bewusst, obwohl sie die Wahrheit kennen. Solche Menschen fallen in diese Kategorie der Sünden, die nicht vergeben werden können, und werden in den tiefsten Teil des Hades hinabgeworfen.

Wir sehen beispielsweise oft Menschen, die geheilt wurden oder deren Probleme durch die Gnade Gottes gelöst wurden. Zuerst sind sie völlig begeistert davon, für Gott und seine Gemeinde zu arbeiten. Doch dann kann man beobachten, dass sie immer wieder von der Welt versucht werden, und schließlich kehren sie Gott den Rücken.

Sie schwelgen wieder in den Vergnügungen dieser Welt, nur tun sie diesmal viel mehr als zuvor. Sie bringen Gemeinden in Ungnade und beleidigen andere Christen und Gottes Diener. Oft sind die Menschen, die ihren Glauben an Gott öffentlich bekennen, die ersten, die aufgrund ihrer eigenen Ansichten Gemeinden oder Pastoren verurteilen und als „Ketzer" titulieren. Wenn sie sehen, dass eine Gemeinde mit der Kraft des Heiligen Geistes erfüllt ist und Gott durch seine Diener Wunder wirkt, begreifen sie nicht, was hier vor sich geht und sind schnell dabei, die ganze Gemeinde als „Ketzer" zu verurteilen oder die Werke des Heiligen Geistes als die Werke Satans zu bezeichnen.

Sie haben Gott betrogen und können den Geist der Buße nicht mehr erhalten. In anderen Worten, solche Menschen sind nicht in der Lage, für ihre Sünden Buße zu tun. Deshalb werden diese „Christen" nach ihrem Tod eine härtere Bestrafung erhalten als die, die Jesus Christus nicht als ihren persönlichen Retter angenommen haben und in den Hades gekommen sind.

In 2. Petrus 2, 20-21 heißt es: *„Denn wenn sie den Befleckungen der Welt durch die Erkenntnis unseres Herrn und Heilandes Jesus Christus entflohen sind, aber wieder in diese verwickelt und überwältigt werden, so ist für sie das letzte schlimmer geworden als das erste. Denn es wäre ihnen besser, den Weg der Gerechtigkeit nicht erkannt zu haben, als sich, nachdem sie ihn erkannt haben, wieder abzuwenden von dem ihnen überlieferten heiligen Gebot."* Diese Menschen forderten Gott heraus und waren seinem Wort ungehorsam, obwohl sie es kannten, und dafür werden sie weitaus härter bestraft als die Ungläubigen.

Menschen, deren Gewissen gebrandmarkt ist

Die Seelen, denen die vierte Stufe der Bestrafung auferlegt wird, haben nicht nur Sünden begangen, die nicht vergeben werden können. Auch ihr Gewissen wurde gebrandmarkt.

Manche dieser Menschen sind vollkommen zu Sklaven Satans und des Teufels geworden, die sich Gott entgegenstellten und dem Heiligen Geist rücksichtslos Widerstand leisteten. Das ist dasselbe, als hätten sie Jesus persönlich gekreuzigt.

Jesus, unser Retter, wurde gekreuzigt, um Vergebung für unsere Sünden zu erwirken und die Menschen von dem Fluch des ewigen Todes zu erlösen. Sein kostbares Blut kaufte all diejenigen frei, die an ihn glaubten, doch der Fluch, der auf den Menschen liegt, die die vierte Stufe der Bestrafung erhalten, entzieht ihnen das Recht auf Erlösung. Sie können auch durch das Blut Jesu Christi nicht gerettet werden. Sie sind dazu verdammt, an ihrem eigenen Kreuz gekreuzigt und im Hades bestraft zu werden.

Judas Iskariot, einer der zwölf Jünger Jesu und vielleicht der bekannteste Verräter in der Geschichte der Menschheit, ist eines der ersten Beispiele. Judas sah den Sohn Gottes mit eigenen Augen als einen Menschen aus Fleisch und Blut. Er wurde einer von Jesus' Jüngern, lernte das Wort und wurde Zeuge übernatürlicher Zeichen und Wunder. Doch Judas war bis zum Ende nie in der Lage, sich von seiner Gier und seinen Sünden zu befreien. Schließlich wurde Judas von Satan angestiftet und verkaufte seinen Lehrer für 30 Silberlinge.

Judas Iskariot hatte keine Möglichkeit mehr zur Buße

Was glaubst du, wer von beiden eine größere Schuld auf sich geladen hat: Pontius Pilatus, der Jesus zum Tod am Kreuz verurteilte, oder Judas Iskariot, der Jesus an die Juden verkaufte?

Jesus' Antwort auf eine der Fragen des Pilatus verschafft uns hierüber Klarheit:

Du hättest keinerlei Macht über mich, wenn sie dir nicht von oben gegeben wäre; darum hat der, welcher mich dir überliefert hat, größere Sünde. (Joh. 19, 11).

Die Sünde, die Judas begangen hat, ist wahrlich eine größere Sünde; eine Sünde, für die ihm nicht vergeben werden kann und für die er keinen Geist der Buße bekommt. Als Judas das Ausmaß seiner Sünde bewusst wurde, bereute er sie und gab das Geld zurück, doch ihm wurde nie ein Geist der Buße gegeben.

Am Ende beging Judas Iskariot, unfähig, die Last seiner Sünde zu tragen, in Todesqualen Selbstmord. In der Apostelgeschichte 1, 18 lesen wir von dem elenden Ende des Judas: „*Dieser ... ist aber kopfüber gestürzt, mitten entzweigeborsten, und alle seine Eingeweide sind ausgeschüttet worden.*"

Judas wurde ans Kreuz gehängt

Welche Bestrafung erhält Judas im Hades? Im tiefsten Teil des Hades wurde er in der vordersten Reihe an ein Kreuz gehängt. Neben ihm sind die Kreuze von Menschen aufgereiht, die Gott schwer konfrontiert haben. Die Szene erinnert an ein Massengrab oder einen Friedhof nach einem schweren Krieg oder ein Schlachthaus voller toten Viehs.

Eine Kreuzigung ist auch in dieser Welt eine der grausamsten Bestrafungen. Sie dient allen Verbrechern und potentiellen Kriminellen sowohl als Beispiel als auch als Warnung vor dem Verlauf, den ihre Zukunft nehmen könnte. Jeder, der einige Stunden lang an einem Kreuz hängt, leidet Todesqualen, die schlimmer sind als der Tod selbst. Während dieser Stunden werden die Körperteile in Stücke gerissen, Insekten nagen am Körper und das ganze Blut spritzt heraus. Die Menschen haben nur noch einen Wunsch: so schnell wie möglich ihren letzten Atemzug zu tun.

In dieser Welt dauert die Qual der Kreuzigung höchstens einen halben Tag. Im Hades jedoch, wo die Tortur kein Ende hat und es keinen Tod gibt, wird sich die Tragödie der Bestrafung am Kreuz bis zum Tag des Gerichts fortsetzen.

Darüber hinaus trägt Judas eine Krone aus Dornen, die ständig wachsen und seine Haut aufreißen, sich in seinen Schädel bohren und sein Gehirn durchlöchern. Unter seinen Füßen liegen Kreaturen, die aussehen wie sich windende Tiere. Ein genauerer Blick offenbart sie als andere Seelen, die in den Hades gefallen sind, und auch diese Seelen quälen Judas. In dieser Welt haben sie sich Gott entgegengestellt und böse Taten angehäuft, weshalb ihr Gewissen gebrandmarkt wurde. Auch sie erhalten harte Strafen und Foltern, und je schlimmer sie gefoltert werden, umso gewalttätiger werden sie. Dann wiederum, als wollten sie ihren Zorn und ihre Qual an jemandem auslassen, stechen sie mit Speeren auf Judas ein.

Dann verspotten die Botschafter der Hölle Judas und sagen: „Das ist der, der den Messias verraten hat! Er hat uns einen großen Gefallen getan!"

Große geistige Qual für den Verrat von Gottes Sohn

Judas Iskariot muss im Hades nicht nur die körperliche Folter leiden, sondern auch unerträgliche geistige Qual. Er wird nie vergessen, dass er verflucht wurde, weil er den Sohn Gottes verriet. Und die Tatsache, dass der Name „Judas Iskariot" auch in dieser Welt zu einem Synonym für Verrat geworden ist, verstärkt seine geistige Qual noch zusätzlich.

Jesus wusste im voraus, dass Judas ihn verraten würde und was Judas nach dessen Tod widerfahren würde. Deshalb versuchte Jesus, Judas durch das Wort Gottes zur Umkehr zu bewegen, doch er wusste auch, dass dieser Versuch fehlschlagen würde. Deshalb sagt Jesus in Markus 14, 21: „*Wehe aber jenem Menschen, durch den der Sohn des Menschen überliefert wird! Es wäre jenem Menschen gut, wenn er nicht geboren wäre.*"

In anderen Worten, schon wenn ein Mensch die erste, die leichteste Stufe der Bestrafung erhält, wäre es besser für ihn, wenn er gar nicht geboren worden wäre, weil der Schmerz so groß und schrecklich ist. Und was ist mit Judas? Er erhält die schwersten aller Strafen!

Um nicht in die Hölle zu fallen

Wer fürchtet dann Gott und hält seine Gebote? Wer den Tag des Herrn heiligt und Gott seinen ganzen Zehnten gibt – das sind die beiden grundlegenden Dinge des Lebens in Christus.

Indem du den Tag des Herrn heiligst, erkennst du seine Herrschaft über das geistliche Reich an. Du bekennst dich als

Kind Gottes und hebst dich von anderen ab. Wenn du den Tag des Herrn jedoch nicht heiligst, gibt es keine geistliche Bestätigung dafür, dass du eines von Gottes Kindern bist, ganz gleich, wie sehr du deinen Glauben an den Vater Gott bekennst. In einem solchen Fall hast du keine andere Wahl als in die Hölle zu gehen.

Gott deinen ganzen Zehnten zu geben bedeutet, dass du seine Herrschaft über das Eigentum anerkennst. Es bedeutet auch, dass du erkennst und verstehst, dass das ganze Universum allein Gott gehört. Nach Maleachi 3, 9 wurden die Israeliten verflucht, nachdem sie Gott „beraubt" hatten. Gott hat das ganze Universum erschaffen und gab dir dein Leben. Er schenkt uns das Sonnenlicht und den Regen, um zu leben, die Energie, um zu arbeiten und den Schutz für unser Tagwerk. Gott gehört alles, was du hast. Doch obwohl unser ganzes Einkommen Gott gehört, hat er uns erlaubt, ihm nur ein Zehntel dessen zu geben, was wir verdienen und den Rest für uns zu verwenden. Solange wir ihm hinsichtlich des Zehnten treu bleiben, so hat Gott uns verheißen, wird er uns die Fenster des Himmels öffnen und uns Segen ausgießen bis zum Übermaß (Mal. 3, 10). Wenn du Gott den Zehnten jedoch nicht gibst, bedeutet das, dass du nicht an die Verheißung seines Segens glaubst und auch nicht den Glauben hast, gerettet zu werden, und weil du Gott beraubt hast, gibt es keinen anderen Ort, an den du gehen kannst, als die Hölle.

Deshalb müssen wir den Tag des Herrn stets heiligen, Gott, dem alles gehört, den ganzen Zehnten geben und all seine Gebote halten, die in den sechsundsechzig Büchern der Bibel beschrieben sind. Ich bete dafür, dass keiner der Leser dieses Buchs in die Hölle fallen wird.

In diesem Kapitel haben wir uns die Strafen auf den vier Stufen angesehen, die den verdammten Seelen im Hades auferlegt werden. Was für ein grausamer, Furcht erregender und entsetzlicher Ort ist das?

In 2. Petrus 2, 9-10 heißt es: „ *... der Herr weiß die Gottseligen aus der Versuchung zu retten, die Ungerechten aber aufzubewahren für den Tag des Gerichts, wenn sie bestraft werden; besonders aber die, die in befleckender Begierde dem Fleisch nachlaufen und Herrschaft verachten, Verwegene, Eigenmächtige; sie schrecken nicht davor zurück, Herrlichkeiten zu lästern....* "

Böse Menschen, die sündigen, Böses tun und versuchen, Unruhe in die Gemeinde zu bringen oder Unfrieden zu stiften, fürchten Gott nicht. Menschen, die Gott unverhohlen konfrontieren, können in Zeiten der Bedrängnis und der Not keine Hilfe von ihm erwarten. Bis das Gericht vor dem großen weißen Thron stattfindet, bleiben sie in den Tiefen des Hades und werden entsprechend der Art und dem Ausmaß ihrer bösen Taten bestraft.

Menschen, die ein gutes, gerechtes und hingegebenes Leben führen, sind Gott im Glauben immer gehorsam. Deshalb wurden nur Noah und seine Familie gerettet, als die Verderbtheit der Menschen die Erde füllte und Gott die Fenster des Himmels öffnete und die Flut auf die Erde schickte (1. Mose 6-8).

Noah fürchtete Gott und war seinen Geboten gehorsam. Damit vermied er das Gericht und erhielt Erlösung. Auf dieselbe Weise müssen auch wir Gott in allem gehorsam sein, damit wir seine wahren Kinder werden und in seiner Vorsehung leben.

„ Und jeder, der ein Wort sagen wird gegen den
Sohn des Menschen, dem wird vergeben werden;
dem aber, der gegen den Heiligen Geist lästert, wird
nicht vergeben werden. "
- Lukas 12,10 -

„ Denn es ist unmöglich, diejenigen, die einmal
erleuchtet worden sind und die himmlische Gabe
geschmeckt haben und des Heiligen Geistes
teilhaftig geworden sind und das gute Wort Gottes
und die Kräfte des zukünftigen Zeitalters geschmeckt
haben und doch abgefallen sind, wieder zur Buße
zu erneuern, da sie für sich den Sohn Gottes wieder
kreuzigen und dem Spott aussetzen. "
- Hebräer 6,4-6 -

In Matthäus 12, 31-32 sagt uns Jesus: *„Deshalb sage ich euch: Jede Sünde und Lästerung wird den Menschen vergeben werden; aber die Lästerung des Geistes wird nicht vergeben werden. Und wenn jemand ein Wort reden wird gegen den Sohn des Menschen, dem wird vergeben werden; wenn aber jemand gegen den Heiligen Geist reden wird, dem wird nicht vergeben werden, weder in diesem Zeitalter noch in dem zukünftigen."*

Diese Worte sprach Jesus zu den Juden, die ihn dafür getadelt hatten, dass er das Evangelium predigte und die Werke göttlicher Kraft tat. Sie behaupteten, er stünde unter dem Zauber eines bösen Geistes oder vollbringe die Wunder durch die Kraft des Feindes Satan und des Teufels.

Auch in unserer heutigen Zeit verurteilen viele Menschen, die ihren Glauben an Christus bekennen, Gemeinden, in denen die Kraft und die Wunder des Heiligen Geistes wirken. Sie bezeichnen die Menschen darin als „Ketzer" und die Werke als „Teufelswerk", weil sie sie weder verstehen noch akzeptieren können. Doch wie könnte das Reich Gottes ohne die Kraft und die Autorität Gottes, ohne die Werke des Heiligen Geistes ausgedehnt und das Evangelium auf der ganzen Welt verbreitet werden?

Wenn man sich den Werken des Heiligen Geistes widersetzt, ist das gleichbedeutend damit, sich Gott selbst zu widersetzen. Gott wird die Menschen, die sich den Werken des Heiligen Geistes widersetzen, nicht als seine Kinder anerkennen, ganz gleich für wie „christlich" sie sich selbst halten.

Deshalb solltest du im Gedächtnis behalten: Wenn jemand Gottes Diener und seine Gemeinde als „ketzerisch" bezeichnet, obwohl er gesehen hat, dass Gott in dieser Gemeinde wohnt und dort Zeichen und Wunder tut, hat er den Heiligen Geist auf schwerste Weise behindert und gelästert. Der einzige Ort, der für einen solchen Menschen reserviert ist, sind die Tiefen der Hölle.

Wenn eine Gemeinde, ein Pastor oder andere Diener Gottes den dreieinigen Gott wirklich anerkennen, daran glauben, dass die Bibel das Wort Gottes ist und es als solches lehren; wenn sie sich darüber bewusst sind, dass das Leben in der Zukunft entweder im Himmel oder in der Hölle stattfinden und dass das Gericht kommen wird; wenn sie glauben, dass Gott die Herrschaft über alles besitzt und dass Jesus unser Erlöser ist und dies auch entsprechend lehren, sollte und kann niemand behaupten, dass sie „Ketzer" sind.

Ich habe die Manmin Joong-ang-Gemeinde 1982 gegründet und seither durch das Wirken des Heiligen Geistes unzählige Seelen auf den Weg der Erlösung geführt. Erstaunlicherweise waren unter denjenigen, die die Werke des lebendigen Gottes persönlich erlebt hatten, auch einige Menschen, die sich Gott widersetzten, indem sie die Ziele und Werke der Gemeinde behinderten und Gerüchte und Lügen über mich und die Gemeinde verbreiteten.

Während Gott mir detaillierte Einblicke in das Elend und die Todesqualen der Hölle gewährte, offenbarte er mir auch, welche Bestrafungen die Menschen im Hades erwarten, die dem Heiligen Geist ungehorsam sind, ihn behindern und lästern.

Wie sehen diese Strafen aus?

Das Leiden in einem Topf mit heißem Wasser

Ich bedaure und verfluche das Ehegelübde,
das ich mit meinem Mann ablegte.
Warum bin ich an diesem elenden Ort?
Er hat mich getäuscht, und seinetwegen bin ich hier!

Das sind die Klagen einer Frau, die die vierte Stufe der Bestrafung im Hades erhält. Ihr gequältes Stöhnen echot durch die Finsternis. Sie wurde von ihrem Mann getäuscht, sodass sie mit ihm zusammen Gott konfrontierte.

Die Frau war böse, doch ihr Herz fürchtete Gott – zumindest bis zu einem gewissen Grad. Deshalb war sie von sich aus nicht in der Lage, den Heiligen Geist zu behindern und gegen Gott anzukämpfen. Doch als sie ihren fleischlichen Begierden nachgab, wurde ihr Gewissen Eins mit dem bösen Gewissen ihres Ehemannes und das Paar widersetzte sich Gott und seinem Wirken.

Dieses Ehepaar, das zusammen Böses tat, wird nun auch im Hades als Paar bestraft und muss für all seine bösen Taten leiden.

Ein Paar wird einer nach dem anderen gefoltert

Der Topf ist mit einer schrecklich stinkenden, kochenden Flüssigkeit gefüllt und die verdammten Seelen werden eine nach der anderen hineingeworfen. Wenn ein Botschafter der Hölle eine Seele in den Topf wirft, wird ihr Körper durch die große Hitze mit Blasen übersät, sodass ihre Haut der einer Kröte ähnelt, und die Augäpfel springen heraus.

Immer wenn sie verzweifelt versuchen, dieser Folter zu entkommen und ihren Kopf aus dem Topf herausstrecken, trampeln riesige Füße darauf und drücken sie wieder in die kochende Flüssigkeit. Auf den Schuhsohlen dieser Füße sind winzige Spieße aus Eisen oder Messing befestigt. Wenn sie von diesen Sohlen niedergetrampelt werden, erleiden die Seelen große Fleischwunden und Blutergüsse.

Nach einer Weile strecken die Seelen ihren Kopf erneut heraus, weil sie die große Hitze nicht ertragen können, doch sofort werden sie wieder niedergetrampelt und in den Topf zurückgezwungen. Da die Seelen dieser Tortur abwechselnd unterzogen werden, muss die Ehefrau zusehen, welche Qualen ihr Mann in dem Topf erleidet und umgekehrt.

Der Topf ist durchsichtig, sodass man von außen hineinsehen kann. Wenn der Mann oder die Frau dann sehen, wie ihr geliebter Ehepartner auf diese entsetzliche Weise gefoltert und gequält wird, schreien sie für den anderen um Barmherzigkeit.

Meine Frau ist da drin!
Bitte, holt sie heraus!
Bitte, befreit sie aus ihrem Elend.
Nein, nein, trampelt nicht auf ihr herum.
Bitte, holt sie heraus, bitte!

Nach einiger Zeit jedoch verstummt das Flehen des Mannes. Wenn er einige Male bestraft wurde, erkennt er, dass die Bestrafung seiner Frau ihm selbst eine Pause verschafft, und dass er, wenn sie herauskommt, selbst hinein muss.

Gegenseitige Beschuldigungen und Flüche

Paare, die in dieser Welt verheiratet sind, werden im Himmel keine Paare sein. Dieses Paar jedoch bleibt als Ehepaar im Hades und wird gemeinsam bestraft. Weil sie wissen, dass sie ihre Bestrafung abwechselnd erhalten, nimmt ihr Flehen bald einen völlig anderen Ton an.

Nein, nein, bitte lasst sie nicht heraus.
Lasst sie noch ein wenig länger darin.
Bitte lasst sie dort,
damit ich noch ein wenig ausruhen kann.

Die Frau will, dass ihr Mann ununterbrochen leidet, und der Mann fleht darum, dass seine Frau so lange wie möglich in dem Topf bleibt. Doch wenn der eine zusieht, wie der andere leidet, verschafft ihm das keine Zeit zur Ruhe. Die kurzen Pausen reichen nicht aus, um sich von den andauernden Todesqualen zu erholen, insbesondere weil beide wissen, dass sie nach dem anderen wieder selbst an der Reihe sind. Und wenn der eine Partner gefoltert wird und dabei sieht und hört, wie der andere darum fleht, dass seine Bestrafung noch länger andauern möge, verfluchen die beiden einander.

151

Hier wird uns das Wesen fleischlicher Liebe deutlich bewusst. Es ist die Realität fleischlicher Liebe – und die Realität der Hölle –, dass sich ein Partner, der an unerträglichen Folterqualen leidet, wünscht, der andere wäre an seiner Stelle.

Als die Frau bedauert, dass sie sich „wegen ihres Mannes" Gott entgegengestellt hat, sagt sie zu ihrem Mann: „Deinetwegen bin ich hier!" Daraufhin verflucht er sie laut und wirft ihr vor, dass sie ihn schließlich in seinen bösen Taten unterstützt habe und selbst daran beteiligt gewesen sei.

Je zahlreicher die bösen Taten…

Wenn der Mann und seine Frau einander verfluchen und die Botschafter der Hölle anflehen, den anderen noch länger und schwerer zu bestrafen, ist das für die Botschafter ein Grund zu größter Freude.

Sieh, sie verfluchen einander sogar hier!
Ihre Boshaftigkeit erfreut uns so sehr!

Die Botschafter der Hölle beobachten das Paar, als sähen sie sich einen interessanten Film an, und hin und wieder schüren sie das Feuer, um sich noch besser zu amüsieren. Je mehr der Mann und seine Frau leiden, umso mehr verfluchen sie einander und umso lauter wird das Gelächter der Botschafter.

Einen Punkt müssen wir ganz klar verstehen. Auch wenn Menschen in diesem Leben böse Dinge tun, freuen sich die bösen Geister. Und je mehr Böses die Menschen tun, umso mehr werden sie von Gott entfremdet.

Wenn du in Schwierigkeiten steckst und mit der Welt Kompromisse eingehst, jammerst, klagst und gegenüber bestimmten Menschen oder Umständen bitter wirst, kommt der Feind angerannt und schätzt sich glücklich, dass er deine Schwierigkeiten und Probleme noch vergrößern kann.

Die klugen Menschen, die das Gesetz der geistlichen Welt kennen, jammern oder klagen nie, sondern danken Gott unter allen Umständen. Auch in Schwierigkeiten bekennen sie ihren Glauben an Gott stets mit einer positiven Haltung. So stellen sie sicher, dass ihr Herz immer auf ihn gerichtet ist. Wenn dich ein äußerst böser Mensch peinigt, musst du dem Bösen stets mit dem Guten entgegentreten und auf Gott vertrauen, wie es in Römer 12, 21 heißt: *„Lass dich nicht vom Bösen überwinden, sondern überwinde das Böse mit dem Guten!"*

Wenn du nach dem Guten strebst und im Licht wandelst, wirst du auch die Kraft und die Autorität haben, den Einfluss der bösen Geister zu überwinden. Dann können der Feind Satan und der Teufel dich nicht beschuldigen, böse zu sein, und all deine Schwierigkeiten werden viel schneller vorübergehen. Gott freut sich, wenn seine Kinder gemäß ihrem guten Glauben handeln und leben.

Du solltest unter keinen Umständen irgendetwas Böses tun, das unser Feind Satan und der Teufel wollen, sondern stattdessen immer in der Wahrheit denken und dich im Glauben so verhalten, wie es unserem Vater Gott gefällt.

Ein senkrechtes Kliff

Ob du nun Gottes Diener, ein Ältester oder ein Arbeiter in seiner Gemeinde bist –, wenn du dein Herz nicht beschneidest, sondern weiterhin sündigst, besteht die Wahrscheinlichkeit, dass du Satan eines Tages zum Opfer fällst. Manche Menschen wenden sich von Gott ab, weil sie die Welt lieben. Andere gehen nicht mehr in die Gemeinde, nachdem sie verführt wurden. Und wieder andere konfrontieren Gott, indem sie die Pläne und Missionen seiner Gemeinde behindern, was sie hilflos auf dem Weg des Todes zurücklässt.

Die Geschichte einer ganzen Familie, die Gott betrogen hat

Dies ist die Geschichte der Familie eines ehemals treuen Arbeiters in Gottes Gemeinde. Die Familienmitglieder weigerten sich, ihre Herzen, die mit Wut und Gier erfüllt waren, zu beschneiden. Darüber hinaus übten sie auf andere Gemeindemitglieder einen schlechten Einfluss aus und sündigten immer wieder. Am Ende traf sie die Strafe Gottes, als bei dem Vater der Familie eine ernste Krankheit diagnostiziert wurde. Da kam die ganze Familie zusammen, tat Buße und betete um sein Leben.

Gott nahm ihre Buße an und heilte den Vater. Zu dieser Zeit sagte Gott mir etwas, das völlig überraschend war: „Wenn ich seinen Geist jetzt rufe, bekommt er zumindest die beschämende Erlösung. Wenn ich ihn noch ein wenig länger leben lasse, wird er *nicht* erlöst werden."

Zu diesem Zeitpunkt verstand ich nicht, was er damit meinte. Als ich jedoch einige Monate später sah, wie sich die Familie verhielt, wurde es mir schnell klar. Der Vater der Familie war ein treuer Arbeiter in meiner Gemeinde gewesen. Doch jetzt begann er, Gottes Gemeinde und sein Reich zu behindern, indem er Unwahrheiten über die Gemeinde verbreitete und viele böse Taten beging. Am Ende wurde die ganze Familie verführt, beging Sünden, für die es keine Vergebung gibt, und wandte sich von Gott ab.

Der Vater, der durch mein Gebet wieder genesen war, starb bald darauf. Wenn der Vater gestorben wäre, als er wenigstens noch kleinen Glauben hatte, hätte er gerettet werden können. Doch dadurch, dass er sich vom Glauben abgewandt hatte, hatte er sich selbst jeder Chance auf Erlösung beraubt. Darüber hinaus wird auch jedes Mitglied der Familie in den Hades kommen, wohin der Vater ging, und sie alle werden dort bestraft werden. Wie wird ihre Bestrafung aussehen?

Sie klettern ein senkrecht abfallendes Kliff hinauf

In dem Bereich, wo die Familie bestraft wird, steht ein senkrecht abfallendes Kliff. Es ist so hoch, dass man seine Oberkante von unten nicht sehen kann. Furcht erregende Schreie erfüllen die Luft. Etwa in der Mitte dieses blutigen Kliffs werden drei Seelen bestraft. Aus dieser Entfernung sehen sie aus wie drei kleine Punkte.

Sie klettern mit bloßen Händen und Füßen das Kliff hinauf.

Durch seine harte und grobe Oberfläche werden ihre Hände und Füße abgeschmirgelt wie mit Sandpapier und ihre Haut wird schnell rau und dünn. Ihre Körper sind in Blut getränkt. Der Grund, warum sie versuchen, dieses anscheinend unbezwingbare Kliff hinaufzuklettern, ist, weil sie einem Botschafter der Hölle entkommen wollen, der über die Gegend hinwegfliegt.

Der Botschafter der Hölle sieht eine Weile zu, wie die drei Seelen das Kliff hinaufklettern. Dann hebt er die Hand, und im selben Moment werden, wie die Wassertröpfchen aus einer Sprühdose, winzige Insekten über das ganze Land verstreut, die exakt so aussehen wie der Botschafter der Hölle. Mit weit geöffnetem Mund, der ihre scharfen Zähne entblößt, klettern diese Insekten schnell das Kliff hinauf und jagen den Seelen nach.

Stell dir einmal vor, du kommst nach Hause und siehst Hunderte von Tausendfüßlern, Taranteln oder Kakerlaken, alle etwa in der Größe eines Fingers, auf dem Boden herumkrabbeln. Und stell dir weiter vor, all diese Furcht erregenden Insekten rennen gleichzeitig auf dich zu.

Schon der bloße Anblick solcher Insekten reicht aus, um dich in Angst zu versetzen. Wenn sie dann alle gleichzeitig auf dich zu rennen, könnte das der Grauen erregendste Moment deines Lebens sein. Und wenn sie dann auch noch beginnen, an deinen Beinen hinaufzuklettern und bald überall auf deinem Körper sind – wie könnte man eine derart grauenvolle Szene beschreiben?

Im Hades ist es nicht mehr möglich zu sagen, ob es Hunderte

oder Tausende dieser Insekten sind. Die Seelen wissen nur, dass es unermesslich viele sind, und dass sie ihnen zum Opfer fallen werden.

Unzählige Insekten eilen auf die drei Seelen zu

Wenn sie die Insekten am Boden sehen, klettern die drei Seelen das Kliff immer schneller hinauf. Es dauert jedoch nicht lange, bis die Insekten die Seelen eingeholt und überwältigt haben. Dann fallen die Seelen zu Boden, wo sie sich selbst überlassen bleiben, während an all ihren Körperteilen Insekten nagen.

Der Schmerz, den die Insekten den Seelen zufügen, ist so groß und unerträglich, dass sie schreien wie Tiere und ihren Körper hilflos hin und her werfen. Sie versuchen, die Insekten abzuschütteln, indem sie einander niederdrücken und –trampeln. Dabei beschimpfen und verfluchen sie einander unaufhörlich. Inmitten solcher Todesqualen gibt die eine Seele mehr Böses von sich als die andere, und jede sucht nur ihren eigenen Vorteil, während sie die anderen weiter verflucht. Die Botschafter der Hölle scheinen diesen Anblick mehr zu genießen als alles, was sie je zuvor gesehen haben.

Wenn der Botschafter der Hölle dann über das Kliff schwebt, seine Hand ausstreckt und die Insekten einsammelt, sind sie in einem Augenblick alle verschwunden. Zwar spüren die drei Seelen das Knabbern der Insekten jetzt nicht mehr, doch sie können nicht aufhören, das Kliff hinaufzuklettern. Sie wissen, dass der fliegende Botschafter die Insekten bald wieder freilassen wird. Mit aller Kraft klettern sie das Kliff erneut empor. Es herrscht eine unheimliche Stille. Die drei Seelen sind von einer vernichtenden Furcht vor den Dingen, die kommen werden, erfüllt und klettern weiter, so schnell sie können.

Dabei ziehen sie sich zahlreiche Schürf- und Schnittwunden zu. Es ist nicht leicht, diesen Schmerz zu ignorieren, doch ihre Furcht vor den Insekten, die an ihrem Körper nagen und ihn zerstückeln, ist noch viel größer. Deshalb versuchen die Seelen, nicht auf ihren blutverschmierten Körper zu achten und klettern wie besessen weiter. Wie elend dieser Anblick ist!

Mit heißem Eisen im Mund verbrannt

In Sprüche 18, 21 heißt es: „*Tod und Leben sind in der Gewalt der Zunge, und wer sie liebt, wird ihre Frucht essen*", und in Matthäus 12, 36-37 sagt uns Jesus: „*Ich sage euch aber, dass die Menschen von jedem unnützen Wort, das sie reden werden, Rechenschaft geben müssen am Tag des Gerichts; denn aus deinen Worten wirst du gerechtfertigt werden, und aus deinen Worten wirst du verdammt werden.*" Die beiden Verse sagen uns, dass Gott uns für unsere Worte zur Verantwortung ziehen und uns dementsprechend richten wird.

Die Menschen, die die guten Worte der Wahrheit sprechen, tragen dementsprechend gute Frucht. Diejenigen hingegen, die keinen Glauben haben und böse Worte sprechen, tragen auch böse Frucht. Wir alle haben schon einmal erlebt, wie achtlos ausgesprochene Worte ein unerträgliches Ausmaß an Schmerz und Pein verursachen können.

Jedes Wort wird zurückgezahlt werden

Manche Gläubige, deren Familien verfolgt werden, sagen oder beten: „Wenn meine Familie durch einen Unfall Buße tun kann, wird es das wert sein." Sobald der Feind Satan und der Teufel diese Worte hören, klagen sie diesen Menschen bei Gott an und sagen: „Die Worte dieses Menschen sollten erfüllt werden." So werden aus Worten Samen, und der Unfall, durch den die Menschen behindert werden und bleibende Schäden zurückbehalten, findet letztendlich statt.

Besteht irgendeine Notwendigkeit, dass du mit solch dummen und unnötigen Worten Leid auf dich ziehst? Unglücklicherweise geraten viele Menschen ins Wanken, wenn sie in Bedrängnis geraten. Manche erkennen nicht einmal, dass die Schwierigkeiten durch ihre eigenen Worte entstanden sind, und wieder andere erinnern sich nicht einmal mehr daran, dass sie etwas gesagt haben, das ihren Kummer verursacht hat.

Wir müssen im Gedächtnis behalten, dass wir für jedes Wort auf die ein oder andere Weise zur Rechenschaft gezogen werden. Deshalb ist es wichtig, dass wir immer bestes Verhalten zeigen und unsere Zunge zügeln. Wenn irgendetwas, das du sagst, etwas anderes als gut und schön ist – ungeachtet deiner Absicht –, kann und wird Satan dich leicht für deine Worte zur Verantwortung ziehen. Dann wirst du leiden und manchmal auch unnötige Schwierigkeiten bekommen.

Was geschieht mit jemand, der absichtlich Lügen über eine

Gemeinde Gottes und seinen geliebten Diener verbreitet und damit die Missionen der Gemeinde stark behindert und Gott konfrontiert? Er gerät schnell unter den Einfluss Satans und wird in der Hölle bestraft werden.

Das folgende ist nur ein Beispiel für eine Strafe, die all denjenigen auferlegt wird, die den Heiligen Geist mit ihren Worten behindert haben.

Menschen, die sich dem Heiligen Geist mit Worten widersetzen

Es gab einmal einen Mann, der lange Zeit in meiner Gemeinde diente und mehrere Positionen innehatte. Doch er beschnitt sein Herz nicht, was bei weitem das wichtigste ist, was von allen Christen gefordert wird. Rein äußerlich schien er in jeder Hinsicht ein treuer Arbeiter zu sein, der Gott, die Gemeinde und all ihre Mitglieder liebte.

Eines der Familienmitglieder dieses Mannes wurde von einer unheilbaren Krankheit, durch die er möglicherweise dauerhaft behindert gewesen wäre, geheilt, und ein weiteres Familienmitglied, das an der Schwelle des Todes stand, wurde wieder zum Leben erweckt. Darüber hinaus durfte seine Familie viele Erfahrungen mit Gott machen und war reich gesegnet. Doch trotz alledem entschloss er sich nie dazu, sein Herz zu beschneiden und alles Böse abzuwerfen.

Als die Gemeinde ernsthafte Schwierigkeiten bekam, wurde seine Familie von Satan dazu verführt, die Gemeinde zu verraten. Er dachte nicht mehr an die Gnade und die

Segnungen, die er durch die Gemeinde bekommen hatte, und verließ die Gemeinde, in der er so lange gedient hatte. Doch damit nicht genug – er begann, sich gegen die Gemeinde zu wenden, und bald suchte er sogar Gemeindemitglieder zu Hause auf und stellte ihren Glauben in Frage, gerade so als sei er auf einer Evangelisationsmission.

Wenn er die Gemeinde verlassen hätte, weil er sich seines Glaubens nicht sicher war, hätte Gott sich ihm gegenüber vielleicht noch barmherzig gezeigt. Doch er sprach über Dinge, mit denen er sich nicht auskannte, und erkannte nicht, was richtig und was falsch war. Er konnte seine Boshaftigkeit nicht überwinden und sündigte zu viel mit seiner Zunge, sodass ihn jetzt nur noch eine qualvolle Vergeltung erwartet.

Der Mund verbrannt und der Körper verdreht

Ein Botschafter der Hölle verbrennt seinen Mund mit einem heißen Eisen, weil er sich dem Heiligen Geist mit den Worten, die aus seinem Mund kamen, heftig widersetzt hat. Diese Bestrafung ähnelt der des Pontius Pilatus, dem im Hades die Zunge abgeschnitten wurde, weil er den unschuldigen Jesus mit den Worten aus seinem Mund zur Kreuzigung verurteilte.

Dann wird die Seele gezwungen, in eine Glasröhre zu steigen, die oben und unten mit Stöpseln versehen ist, an denen Metallgriffe angebracht sind. Wenn der Botschafter der Hölle an diesen Griffen dreht, dreht sich der Körper der eingeschlossenen Seele mit. Er wird weiter und weiter verdreht, und wie schmutziges Wasser aus einem Mopp ausgewrungen wird, spritzt das Blut der Seele aus ihren Augen, ihrer Nase, ihrem Mund und allen anderen Körperöffnungen. Am Ende schießt ihr ganzes Blut, ihr ganzer Saft aus ihren Zellen.

Kannst du dir vorstellen, wie viel Kraft du aufwenden musst, um durch das Verdrehen deines Fingers einen Tropfen Blut heraus zu pressen?

Das Blut der Seele wird nicht nur aus einem Teil ihres Körpers herausgepresst, sondern aus ihrem ganzen Körper, vom Kopf bis zu den Zehen. Sämtliche Knochen brechen, die Muskeln werden überdehnt und die Zellen zerstört, sodass auch der letzte Tropfen Flüssigkeit aus dem Körper gewrungen wird. Wie schmerzhaft das sein muss!

Am Ende ist die Glasröhre voll mit dem Blut und dem Saft des Körpers, sodass sie aus der Ferne aussieht wie eine Flasche Rotwein. Nachdem die Botschafter der Hölle den Körper der Seele so lange gedreht haben, bis auch der letzte Tropfen Flüssigkeit herausgepresst wurde, lassen sie den Körper einen Augenblick allein, damit er sich wiederherstellen kann.

Doch auch wenn dieser Körper wiederhergestellt wird, welche Hoffnung hat diese Seele? Von dem Moment an, in dem ihr Körper wiederhergestellt ist, beginnt das Verdrehen und Auspressen aufs Neue, und das ohne Ende. In anderen Worten, die Augenblicke zwischen diesen Folterungen sind lediglich eine Verlängerung der Tortur.

Weil die Seele dem Reich Gottes mit ihrer Zunge Hindernisse in den Weg gelegt hat, werden ihre Lippen verbrannt, und als Vergeltung dafür, dass sie die Werke Satans unterstützt hat, wird jeder Tropfen Flüssigkeit aus ihrem Körper gepresst.

In der geistlichen Welt erntet ein Mensch, was er sät, und was immer er getan hat, wird auch ihm zugefügt werden. Bitte behalte das im Gedächtnis und unterwerfe dich nicht dem Bösen, sondern lebe mit guten Worten und Taten ein Leben, das Gott verherrlicht.

Unglaublich große Foltermaschinen

Dieser Mensch erlebte die Werke des Heiligen Geistes am eigenen Leib, als er von Krankheit und Schwäche geheilt wurde. Danach betete er inständig, um sein Herz zu beschneiden. Er lebte sein Leben unter der Führung und der Überwachung des Heiligen Geistes und trug Frucht. Er gewann das Lob und die Liebe anderer Gemeindemitgliedern und wurde ein Diener.

Beim eigenen Stolz gepackt

Als er jedoch das Lob und die Liebe seiner Mitmenschen erlangte, wurde er zunehmend überheblich. Er hatte keinen klaren Blick mehr, was ihn selbst betraf, und hörte auf, sein Herz zu beschneiden, ohne es überhaupt zu bemerken. Er war immer ein jähzorniger und eifersüchtiger Mann gewesen, und statt diese Eigenschaften abzuwerfen, begann er, all diejenigen zu verurteilen und zu verdammen, die sich richtig verhielten, und grollte jedem, der ihm nicht gefiel oder der nicht seiner Meinung war.

Wenn ein Mensch bei seinem eigenen Stolz gepackt wird und Böses tut, geht noch mehr Böses von ihm aus. Er zügelt sich nicht mehr und denkt nicht daran, den Rat eines anderen zu befolgen. Diese Seele sammelte Böses um Böses an, wurde in Satans Falle gefangen und widersetzte sich Gott öffentlich.

Die Erlösung ist nicht vollständig, wenn wir den Heiligen Geist empfangen. Auch wenn du mit dem Heiligen Geist erfüllt bist, Gnade erfährst und Gott dienst, bist du wie ein Marathonläufer, der noch eine lange Strecke vom Ziel entfernt ist – von der Reinigung. Ganz gleich, wie gut der Läufer rennt – wenn er das Rennen aufgibt oder ohnmächtig wird, ist das nicht gut für ihn. Viele Menschen laufen auf das Ziel zu – den Himmel. Doch wie schnell du auch gelaufen sein oder wie nahe du dem Ziel gekommen sein magst – wenn du aufhörst zu laufen, ist das Rennen für dich vorbei.

Glaube nicht, dass du fest stehst

Gott sagt, wenn wir „lau" sind, wird er uns aus seinem Munde ausspeien (Offb. 3, 16). Auch wenn du ein Mann oder eine Frau des Glaubens bist, musst du immer mit dem Heiligen Geist erfüllt sein, deine Leidenschaft für Gott aufrecht erhalten und mit brennendem Eifer in das Himmelreich hineindrängen. Wenn du dein Rennen nach der Hälfte der Strecke aufgibst, kannst du ebenso wenig gerettet werden wie die, die das Rennen gar nicht erst starten.

Aus diesem Grund bekannte der Apostel Paulus, der Gott mit seinem ganzen Herzen treu war: *„Täglich sterbe ich…"* (1.

Kor. 15, 31) und: „ ...*sondern ich zerschlage meinen Leib und knechte ihn, damit ich nicht, nachdem ich anderen gepredigt, selbst verwerflich werde.*" (1. Kor. 9, 27).

Auch wenn du in einer Position bist, in der du andere lehrst – wenn du deine eigenen Gedanken nicht abwirfst und deinen Leib nicht zerschlägst, um ihn zu knechten wie Paulus es tat, wird Gott dich verlassen, denn: „*Euer Widersacher, der Teufel, geht umher wie ein brüllender Löwe und sucht, wen er verschlingen kann*" (1. Petr. 5, 8).

In 1. Korinther 10, 12 heißt es: „*Daher, wer zu stehen meint, sehe zu, dass er nicht falle.*" Die geistliche Welt ist endlos, und auch unser Wachstum, mit dem wir Gott immer ähnlicher werden kennt kein Ende. Auf dieselbe Weise wie ein Bauer im Frühling die Samen aussät, die Pflanzen den Sommer über pflegt und im Herbst die Ernte einbringt, musst du beständig Fortschritte machen, damit deine Seele ausgezeichnet wird und du darauf vorbereitet bist, den Herrn Jesus zu treffen.

Ihr Körper wird verdreht und auf ihre Köpfe wird eingepickt

Welche Strafe erwartet diese Seele, die aufhörte, ihr Herz zu beschneiden, weil sie glaubte, sie stünde fest, am Ende aber dennoch fiel?

Sie wird von einer Maschine, die den Botschaftern der Hölle ähnelt, – einem gefallenen Engel, gefoltert. Die Maschine ist einige Male so groß wie die Botschafter der Hölle und allein ihr Anblick jagt der Seele einen Schauder über den Rücken. An den

Händen der Foltermaschine sind spitze und scharfe Fingernägel, deren Länge die Körpergröße eines durchschnittlichen Menschen noch übersteigt.

Diese große Foltermaschine ergreift die Seele mit ihrer rechten Hand im Nacken, hält sie hoch und verdreht ihren Kopf mit den Fingernägeln der linken Hand. Ihre Nägel dringen in ihren Kopf ein und bohren sich bis in ihr Gehirn. Kannst du dir vorstellen, wie schmerzhaft das sein muss?

Dieser körperliche Schmerz ist gewaltig, doch die geistigen Qualen sind noch unerträglicher. Vor den Augen der Seele ziehen wie in einer Diashow lebendige Bilder der glücklichsten Momente ihres Lebens vorüber: Sie erlebt noch einmal das Glück, das sie verspürte, als sie das erste Mal Gottes Gnade erfuhr, als sie ihn voller Freude pries, die Zeit, als sie eifrig danach strebte, Jesus' Gebot, hinzugehen und alle Völker zu Jüngern zu machen, zu erfüllen und vieles mehr.

Geistige Folter und Spott

Jedes Bild gibt der Seele einen Stich ins Herz. Dieser Mensch war einst ein Diener des allmächtigen Gottes und voller Hoffnung, in der Herrlichkeit des neuen Jerusalem leben zu dürfen. Jetzt ist er an diesem elenden Ort gefangen. Dieser scharfe Kontrast zerreißt sein Herz. Er kann die geistige Folter nicht länger ertragen und vergräbt seinen blutigen, zerzausten Kopf in seinen Händen. Er fleht um Gnade und darum, dass die Tortur ein Ende hat, doch für diese Qualen gibt es kein Ende.

Nach einer Weile lässt die Foltermaschine die Seele auf den

Boden fallen. Dann umringen sie die Botschafter der Hölle, die der Folter zugesehen haben, und spotten: „Und du willst ein Diener Gottes gewesen sein? Du wurdest ein Apostel Satans, und jetzt amüsiert er sich über dich."

Während die Seele noch den Hohn der Botschafter hört, stöhnt und um Gnade fleht, packt die Foltermaschine sie erneut mit zwei Fingern der rechten Hand im Nacken. Ohne auf das Zappeln der Seele zu achten, hebt die Maschine sie bis zu ihrem Hals hoch und schlägt ihr die spitzen, scharfen Fingernägel ihrer linken Hand in den Kopf. Dann fügt sie der Seele noch zusätzliche Qualen zu, indem sie die Diashow wieder von vorn beginnen lässt. Diese Tortur wird sich bis zum Tag des Gerichts fortsetzen.

An den Stamm eines Baumes gebunden

Dies ist die Bestrafung eines früheren Dieners Gottes, der die Mitglieder seiner Gemeinde lehrte und viele verantwortungsvolle Positionen innehatte.

Widerstand gegen den Heiligen Geist

Dieser Mensch hatte ein starkes Verlangen nach Ruhm, materiellem Gewinn und Macht. Er führte seine Pflichten gewissenhaft aus, doch er erkannte seine eigene Bosheit nicht. Irgendwann hörte er auf zu beten und unternahm auch keine Anstrengungen mehr, sein Herz zu beschneiden. Ohne dass er sich dessen bewusst war, wuchs das Böse in ihm heran wie ein giftiger Pilz, und als die Gemeinde, in der er diente, in eine schwere Krise geriet, gelangte er sofort unter die Macht Satans.

Als er von Satan verführt wurde, widersetzte er sich dem Heiligen Geist. Danach wurden seine Sünden noch schwerer, weil er als Leiter in seiner Gemeinde diente, viele Gemeindemitglieder negativ beeinflusste und sich dem Reich Gottes in den Weg stellte.

Folter und Spott unterworfen

Dieser Mann wird bestraft, indem er im Hades an den Stamm eines Baumes gebunden wird. Seine Bestrafung ist nicht so hart wie die des Judas Iskariot, aber sie ist dennoch schrecklich und unerträglich.

Der Botschafter der Hölle zeigt seiner Seele eine Diashow, die die glücklichsten Momente seines Lebens zeigt – überwiegend aus der Zeit, als er ein treuer Diener Gottes war. Diese geistige Folter erinnert ihn daran, dass er einmal glückliche Zeiten erlebte und die Möglichkeit hatte, Gottes reichen Segen zu erhalten. Das macht ihm bewusst, dass er aufgrund seiner Gier und seiner Falschheit nie sein Herz beschnitt und nun hier ist, um diese schreckliche Strafe zu erhalten.

Von der Decke herab hängen unzählige schwarze Früchte, und nachdem der Botschafter der Hölle der Seele ein Bild der Diashow gezeigt hat, deutet zur Decke und spottet: „Deine Gier trug solche Früchte!" Dann fällt eine Frucht nach der anderen zu Boden. Jede von ihnen ist der Kopf eines Menschen, der ihm in seiner Konfrontation gegen Gott nachgefolgt ist. Sie begingen dieselbe Sünde wie diese Seele, und nach einer grausamen Tortur wurde der Rest ihres Körpers abgeschnitten. Nur ihre Köpfe, die von der Decke herabhängen, bleiben übrig. Die Seele, die an den Baum gebunden ist, hat diese Menschen während ihres Lebens auf der Welt dazu verführt, ihrer Gier nachzugeben und Böses zu tun, und so wurden sie zur Frucht ihrer Gier.

Immer wenn ein Diener der Hölle die Seele verspottet, dient das als Signal dafür, dass die Früchte eine nach der anderen herunterfallen und zerplatzen. In Dramen, historischen oder aktuellen Dokumentationen, Theaterstücken oder Filmen, in denen einem Darsteller die Kehle aufgeschnitten wird, wird der Kopf des toten Schauspielers meist mit zerzaustem Haar, einem blutüberströmten Gesicht, aufgesprungenen Lippen und starren Augen dargestellt. Die Köpfe, die von der Decke fallen, sehen den Köpfen in solchen Dramen oder Filmen sehr ähnlich.

Die heruntergefallenen Köpfe nagen an der Seele

Wenn die grauenvollen Köpfe von der Decke gefallen sind, klammern sie sich einer nach dem anderen an die Seele. Zuerst hängen sie sich an ihre Beine und nagen sie ab.

Eine weitere Szene der Diashow zieht vor den Augen der Seele vorüber, und der Botschafter der Hölle verspottet sie erneut und sagt: „Sieh, da hängt deine Gier!" Dann fällt eine weitere Frucht von der Decke herab, zerbirst und ein weiterer Kopf klammert sich an die Seele und beißt sich in ihren Armen fest.

So geht es immer weiter – immer, wenn der Botschafter der Hölle die Seele verspottet, fällt ein Kopf nach dem anderen von der Decke. Die Köpfe baumeln überall am Körper der Seele, wie ein Baum, der reiche Frucht trägt. Der Schmerz, den die Bisse dieser Köpfe verursachen, ist völlig anders, wie wenn man auf dieser Welt von einem Menschen oder einem Tier gebissen wird. Das Gift, das die scharfen Zähne dieser Köpfe enthalten, verbreitet sich von den Bisswunden bis in das Innere der Knochen und lässt den Körper starr werden und dunkel anlaufen. Dieser Schmerz ist so stark, dass es viel weniger schmerzhaft erscheint, von Insekten gefressen oder von wilden Tieren zerrissen zu werden.

Die Seelen, von denen nur noch der Kopf übrig geblieben ist, wurden gefoltert, indem ihre Körper abgeschnitten und auseinander gerissen wurden. Wie viel Groll hegen sie wohl gegen diese Seele? Obwohl sie Gott aufgrund ihrer eigenen Bosheit konfrontiert haben, hegen sie das boshafte und verzweifelte Verlangen, sich für ihren Niedergang an dieser Seele zu rächen.

Die Seele weiß genau, dass sie für ihre Gier bestraft wird. Doch statt Reue zu empfinden oder für ihre Sünden Buße zu tun, verflucht sie die Köpfe der anderen Seelen, die ihren Körper mit Bissen traktieren und ihre Knochen zersplittern. Je mehr Zeit vergeht und je größer der Schmerz wird, umso boshafter und niederträchtiger wird die Seele.

Begehe nie eine Sünde, für die es keine Vergebung gibt

Ich habe nun für Beispiele für Strafen gegeben, die Menschen auferlegt werden, die sich Gott entgegengestellt haben. Solche Seelen werden schwerer bestraft als viele andere, weil sie zu einer Zeit in ihrem Leben als Leiter in der Gemeinde für Gott gewirkt haben, um sein Reich auszudehnen.

Wir müssen bedenken, dass viele der Seelen, die in den Hades gefallen sind und ihre Strafe erhalten, wirklich dachten, sie würden an Gott glauben. Es gab auch Zeiten, in denen sie ihm, seinen Dienern und seiner Gemeinde eifrig gedient haben.

Wir müssen darauf achten, dass wir nie gegen den Heiligen Geist sprechen, uns ihm nicht widersetzen und ihn nicht lästern. Die Menschen, die sich dem Heiligen Geist widersetzen, werden den Geist der Buße nicht erhalten, insbesondere wenn sie sich dem Heiligen Geist entgegenstellen, *nachdem* sie ihren Glauben an Gott bekannt und *nachdem* sie die Werke des Heiligen Geistes persönlich erfahren haben. Deshalb können sie nicht einmal Reue empfinden.

Von den frühen Tagen meines Dienstes an bis heute habe ich nie andere Gemeinden oder Diener Gottes kritisiert oder als „Heuchler" verurteilt. Wenn andere Gemeinden und Pastoren an den Dreieinigen Gott glauben, die Existenz von Himmel und Hölle anerkennen und die Botschaft der Erlösung durch Jesus Christus predigen, wie könnten sie dann Heuchler sein?

Darüber hinaus ist es ganz klar eine Konfrontation des Heiligen Geistes, wenn man jemanden verurteilt – sei es eine Gemeinde oder ein Diener Gottes –, durch den Gottes

Autorität und Gegenwart offenbart und bestätigt wird. Denk daran: für eine solche Sünde gibt es keine Vergebung.

Deshalb kann niemand einen anderen als „Heuchler" verurteilen, bis eindeutig festgestellt wurde, dass diese Behauptung der Wahrheit entspricht. Darüber hinaus darfst du nie die Sünde begehen, den Heiligen Geist mit deiner Zunge zu behindern oder zu konfrontieren.

Wenn du deine von Gott gegebene Pflicht nicht ausführst

Unter keinen Umständen dürfen wir aufhören, unsere von Gott gegebenen Pflichten zu erfüllen, weil wir selbst es für richtig halten. Jesus betonte durch das Gleichnis der Talente (Mt. 25), wie wichtig es ist, dass man seine Pflicht tut:

Ein Mann wollte einmal außer Landes reisen. Er versammelte seine Knechte und übergab ihnen seine Habe entsprechend ihren Fähigkeiten. Dem ersten gab er fünf Talente, dem zweiten zwei und dem dritten eines. Der erste und der zweite Knecht arbeiteten mit dem Geld und gewannen das Doppelte zurück. Doch der Knecht, der das eine Talent bekommen hatte, grub ein Loch in die Erde und verbarg das Geld seines Herrn. Nach langer Zeit kam der Herr der Knechte zurück und rechnete mit ihnen ab. Die Männer, die die fünf bzw. zwei Talente erhalten hatten, präsentierten ihm jeweils die verdoppelte Summe. Der Herr lobte sie und sprach: „Recht so, du guter und treuer Knecht!" Dann trat der Mann herbei, der das eine Talent empfangen hatte, doch weil er es nicht vermehrt hatte, wurde es ihm weggenommen.

Das „Talent" in diesem Gleichnis bezieht sich auf jede von Gott gegebene Pflicht. Du siehst, dass sich Gott von denen abwendet, die nicht mehr tun als ihre Pflicht. Doch so viele Menschen um uns herum vernachlässigen sogar die Pflichten, die Gott ihnen auferlegt hat. Du musst wissen, dass die Menschen, die ihre Pflicht nach ihrem Gutdünken vernachlässigen, am Tag des Gerichts gerichtet werden.

Befreie dich von Heuchelei und beschneide dein Herz

Jesus wies darauf hin, wie wichtig es ist, sein Herz zu beschneiden, als er die Schriftgelehrten und Pharisäer als Heuchler tadelte. Die Schriftgelehrten und Pharisäer schienen ein gerechtes Leben zu führen, doch ihr Herz war voller Bosheit, sodass Jesus sie tadelte und sagte, sie glichen übertünchten Gräbern.

Wehe euch, Schriftgelehrte und Pharisäer, Heuchler! Denn ihr gleicht übertünchten Gräbern, die von außen zwar schön scheinen, inwendig aber voll von Totengebeinen und aller Unreinigkeit sind. So scheint auch ihr von außen zwar gerecht vor den Menschen, von innen aber seid ihr voller Heuchelei und Gesetzlosigkeit. (Mt. 23, 27-28).

Deshalb nützt es dir nichts, wenn du Make-up auflegst oder

die schönsten Kleider anziehst, solange dein Herz voller Eifersucht, Hass und Überheblichkeit ist. Mehr als alles andere will Gott, dass wir unser Herz beschneiden und das Böse abwerfen.

Es ist wichtig zu evangelisieren, sich um die Gemeindemitglieder zu kümmern und der Gemeinde zu dienen. Doch das wichtigste ist, Gott zu lieben, im Licht zu wandeln und Gott immer ähnlicher zu werden. Du solltest heilig sein, wie Gott heilig ist und du solltest vollkommen sein, wie Gott vollkommen ist.

Wenn dein derzeitiger Eifer für Gott nicht wirklich deinem Herzen und deinem ganzen Glauben entspringt, besteht jederzeit die Möglichkeit, dass er verkümmert. So kann er Gott nicht gefallen. Wenn jemand jedoch sein Herz beschneidet, um heilig und ganz zu werden, wird das Herz dieses Menschen ein Aroma verströmen, das Gott wahrhaft gefällt.

Ganz gleich, wie viel du von Gottes Wort bereits gelernt hast und weißt – es ist wichtig, dass du dein Denken danach ausrichtest, dich entsprechend dem Wort verhältst und danach lebst. Du solltest stets im Gedächtnis behalten, dass die qualvolle Hölle existiert und dein Herz reinigen, damit du, wenn der Herr Jesus wiederkommt, einer der ersten sein wirst, die ihn umarmen.

In 1. Korinther 2, 13-14 heißt es: *„Davon reden wir auch, nicht in Worten, gelehrt durch menschliche Weisheit, sondern in Worten, gelehrt durch den Geist, indem wir Geistliches durch Geistliches deuten. Ein natürlicher Mensch aber nimmt nicht an, was des Geistes Gottes ist, denn es ist ihm eine Torheit, und er kann es nicht erkennen, weil es geistlich* *beurteilt wird."*

Wie kann jemand in der fleischlichen Welt ohne die Werke und die Hilfe des Heiligen Geistes, die uns von Gott offenbart wird, über geistliche Dinge sprechen und sie verstehen?

Gott selbst hat dieses Zeugnis der Hölle offenbart, und deshalb ist jeder Teil davon wahr. Die Strafen in der Hölle sind so entsetzlich, dass ich nicht jede Einzelheit, sondern nur einige wenige Folternmethoden beschrieben habe. Behalte auch im Gedächtnis, dass unter den vielen Menschen, die in den Hades gekommen sind, auch solche sind, die Gott gegenüber einst treu und loyal waren.

Wenn du nicht die richtige Qualifikation hast, d. h. wenn du aufhörst zu beten und dein Herz zu beschneiden, wirst du höchstwahrscheinlich von Satan verführt werden, dich Gott zu widersetzen und am Ende in die Hölle geworfen werden.

Ich bete im Namen des Herrn, dass du begreifst, was für ein Furcht erregender und schrecklicher Ort die Hölle ist und dass du danach strebst, so viele Seelen wie möglich zu retten; dass du inständig betest, eifrig das Evangelium verkündest und dich stets selbst prüfst, um die ganze Erlösung zu erhalten.

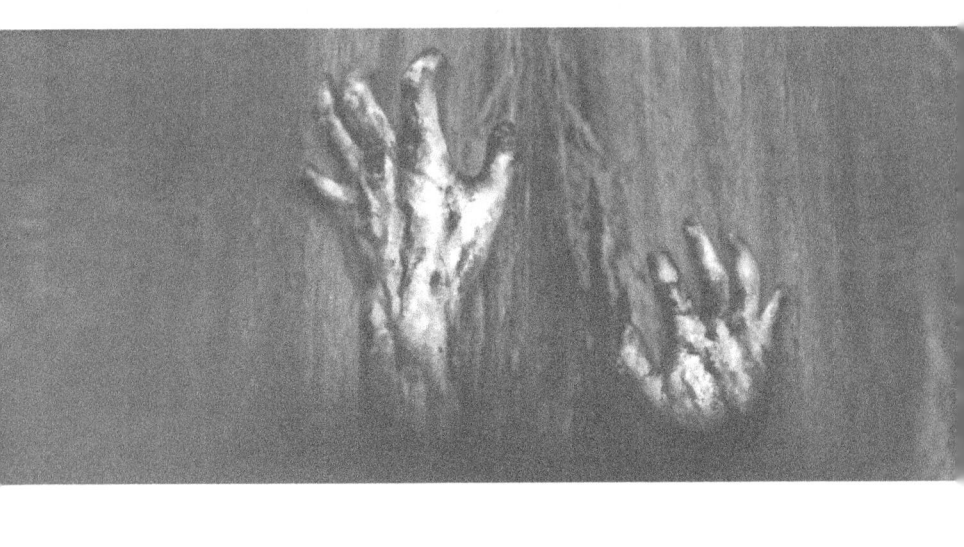

Kapitel 7

Erlösung während der großen Bedrängnis

Die Ankunft Christi und die Verzückung

Die sieben Jahre der großen Bedrängnis

Das Märtyrertum während der großen Bedrängnis

Die zweite Ankunft Christi und das tausendjährige Reich

Die Vorbereitung als schöne Braut des Herrn

„Und dieses Evangelium des Reiches wird gepredigt werden auf dem ganzen Erdkreis, allen Nationen zu einem Zeugnis, und dann wird das Ende kommen."

- Matthäus 24,14 -

„Und ein anderer, dritter Engel folgte ihnen und sprach mit lauter Stimme: Wenn jemand das Tier und sein Bild anbetet und ein Malzeichen annimmt an seine Stirn oder an seine Hand, so wird auch er trinken vom Wein des Grimmes Gottes, der unvermischt im Kelch seines Zornes bereitet ist; und er wird mit Feuer und Schwefel gequält werden vor den heiligen Engeln und vor dem Lamm. Und der Rauch ihrer Qual steigt auf von Ewigkeit zu Ewigkeit; und sie haben keine Ruhe Tag und Nacht, die das Tier und sein Bild anbeten, und wenn jemand das Malzeichen seines Namens annimmt."

- Offenbach 14,9-11 -

Wenn wir uns die heutige Geschichte und die Prophetien in der Bibel genau ansehen, erkennen wir, dass die Zeit reif und das Kommen des Herrn nahe ist. In den letzten Jahren gab es zahlreiche Erdbeben und Fluten, deren Ausmaß nur etwa einmal in hundert Jahren erreicht wird.

Außerdem ließen zahlreiche großflächige Waldbrände, Hurrikans und Taifune die Spuren der Zerstörung und eine enorme Zahl von Verletzten zurück. In Afrika und Asien gab es lange Dürreperioden, während derer viele Menschen hungerten und starben. In großen Teilen der Welt gab es unnormales Wetter, das von der Abnahme der Ozonschicht verursacht wurde.

Darüber hinaus scheint es kein Ende an Kriegen und Konflikten zwischen Ländern, terroristischen Anschlägen und anderen Formen der Gewalt zu geben. Die Massenmedien berichten täglich von Grausamkeiten, die sich über die moralischen Prinzipien des Menschen hinwegsetzen.

Solche Phänomene wurden von Jesus Christus bereits vor zweitausend Jahren prophezeit, als seine Jünger ihn fragten: *„Sage uns, wann wird das sein, und was ist das Zeichen deiner Ankunft und der Vollendung des Zeitalters?"* (Mt. 24, 3).

Wie wahr sind beispielsweise die folgenden Verse heute?

Denn es wird sich Nation gegen Nation erheben und Königreich gegen Königreich, und es werden Hungersnöte und Erdbeben da und dort sein. Alles dies aber ist der Anfang der Wehen. (Mt. 24, 7-8).

Wenn du wahren Glauben hast, solltest du daher wissen, dass der Tag der Wiederkehr Jesu sehr nahe ist und wachen wie die fünf klugen Jungfrauen (Mt. 25, 1-13), statt verloren zu sein wie die anderen fünf Jungfrauen, die es versäumt hatten, genug Ölvorrat für ihre Lampen zu besorgen.

Die Ankunft Christi und die Verzückung

Vor etwa zweitausend Jahren starb unser Herr Jesus am Kreuz, auferstand am dritten Tag von den Toten und fuhr vor den Augen vieler Menschen in den Himmel auf. In der Apostelgeschichte 1, 11 lesen wir: *„Dieser Jesus, der von euch weg in den Himmel aufgenommen worden ist, wird so kommen, wie ihr ihn habt hingehen sehen in den Himmel."*

Jesus wird in Wolken gehüllt wiederkehren

Jesus Christus hat uns den Weg der Erlösung geöffnet und ist in den Himmel aufgefahren. Dort sitzt er zur Rechten Gottes und bereitet eine Stätte für uns vor. Wenn die Zeit, die Gott erwählt hat, gekommen ist und wenn unsere Wohnstätten im Himmel bereitet sind, wird Jesus zurückkommen, um uns zu sich zu nehmen, *„damit auch ihr seid, wo ich bin"* (Joh. 14, 3).

Wie wird es sein, wenn Jesus wiederkommt?

1. Thessalonicher 4, 16-17 beschreibt eine Szene, in der Jesus

mit unzähligen himmlischen Heerscharen und Engeln zusammen
mit den Toten in Christus vom Himmel herabkommen wird.

> *Denn der Herr selbst wird beim Befehlsruf, bei der*
> *Stimme eines Erzengels und bei dem Schall der Posaune*
> *Gottes herabkommen vom Himmel, und die Toten in*
> *Christus werden zuerst auferstehen; danach werden wir,*
> *die Lebenden, die übrigbleiben, zugleich mit ihnen*
> *entrückt werden in Wolken dem Herrn entgegen in die*
> *Luft; und so werden wir allezeit beim Herrn sein.*

Wie prachtvoll wird es für Jesus Christus sein, umgeben und
bewacht von zahlreichen himmlischen Heerscharen und Engeln
inmitten von Wolken wiederzukehren! Zu diesem Zeitpunkt
werden alle Menschen, die im Glauben gerettet sind, entrückt
werden und das siebenjährige Hochzeitsmahl feiern.

Die Menschen, die bereits tot, aber in Christus gerettet sind,
werden als erste auferstehen und entrückt werden, gefolgt von
denen, die zu der Zeit der Wiederkehr Jesu noch am Leben sind.
Ihr Körper wird in einen unvergänglichen Leib verwandelt.

Die Entrückung und das siebenjährige Hochzeitsmahl

„Die Entrückung" ist ein Ereignis, bei dem die Gläubigen in
die Luft erhoben werden. Doch wo ist diese „Luft", von der im 1.
Thessalonicher 4 die Rede ist?

Gemäß Epheser 2, 2, wo es heißt: „ *... in denen [euren*
Vergehungen und Sünden] ihr einst wandeltet gemäß dem

181

*Zeitlauf dieser Welt, gemäß dem Fürsten der Macht der Luft,
des Geistes, der jetzt in den Söhnen des Ungehorsams wirkt",*
bezieht sich die „Luft" hier auf den Ort, an dem die bösen
Geister die Autorität besitzen.

Doch dieser Ort der bösen Geister ist nicht der Ort, wo das
siebenjährige Hochzeitsmahl stattfindet. Dafür hat Gott, unser
Vater, einen besonderen Ort vorbereitet. Die Bibel benennt
diesen vorbereiteten Ort „Luft". Er trägt also denselben Namen
wie der Ort, an dem die bösen Geister sind, weil sich die beiden
Orte im selben Raum befinden.

Wenn du auf den Himmel blickst, kannst du dir vielleicht nur
schwer vorstellen, wo die „Luft", in der wir Jesus treffen werden und
wo das siebenjährige Hochzeitsmahl stattfinden wird, tatsächlich ist.
Die Antworten auf diese Fragen findest du in meiner zweiteiligen
Serie über den Himmel. Bitte studiere diese Botschaften, denn es ist
unbedingt notwendig, dass du die geistliche Welt richtig verstehst
und so an die Bibel glaubst, wie sie ist.

Kannst du dir vorstellen, wie glücklich alle Menschen sein
werden, die an Jesus glauben und sich als seine Braut vorbereitet
haben, wenn sie schließlich ihren Bräutigam treffen und das
sieben Jahre dauernde Hochzeitsmahl feiern?

*Lasst uns fröhlich sein und jubeln und ihm die Ehre
geben; denn die Hochzeit des Lammes ist gekommen,
und sein Weib hat sich bereitgemacht. Und ihr wurde
gegeben, dass sie sich kleide in feine Leinwand,
glänzend, rein; denn die feine Leinwand sind die
gerechten Taten der Heiligen. Und er spricht zu mir:*

Schreibe: Glückselig, die eingeladen sind zum Hochzeitsmahl des Lammes! Und er spricht zu mir: Dies sind die wahrhaftigen Worte Gottes. (Offb. 19, 7-9).

Die Gläubigen, die in die Luft erhoben wurden, werden eine Belohnung dafür bekommen, dass sie die Welt überwunden haben. Die Menschen hingegen, die nicht in die Luft erhoben wurden, werden von den bösen Geistern, die bei der Wiederkehr Jesu aus der Luft auf die Erde vertrieben werden, in Bedrängnisse unvorstellbaren Ausmaßes gebracht.

Die sieben Jahre der großen Bedrängnis

Während die Gläubigen, die gerettet wurden, in der Luft sieben Jahre lang das Hochzeitsmahl mit Jesus Christus feiern und voller Freude ihre glückliche Zukunft mit ihm planen, werden all diejenigen, die auf der Erde zurückgeblieben sind, sieben Jahre lang an einer Bedrängnis nie da gewesenen Ausmaßes leiden. Die Menschheit wird mit unbeschreiblichen und Furcht erregenden Katastrophen geschlagen werden.

Der dritte Weltkrieg und das Malzeichen des Tieres

Im Verlauf eines Atomkrieges, der auf der ganzen Welt toben wird, dem dritten Weltkrieg, werden ein Drittel aller Bäume auf der Erde verbrannt und ein Drittel der Menschheit wird umkommen. Aufgrund schwerer Umweltverschmutzung

183

werden die Luft zum Atmen und sauberes Wasser knapp und die Preise für Nahrungsmittel und all die anderen Dinge, die zum Leben notwendig sind, schnellen in die Höhe.

Das Malzeichen des Tieres, „666", wird eingeführt werden, und jeder muss es an seiner rechten Hand oder an seiner Stirn tragen. Wenn sich jemand weigert, das Malzeichen zu empfangen, wird seine Identität nicht garantiert sein und er wird nicht in der Lage sein, irgendwelche Transaktionen durchzuführen oder auch nur das Notwendigste zu kaufen.

Und es bringt alle dahin, die Kleinen und die Großen, und die Reichen und die Armen, und die Freien und die Sklaven, dass man ihnen ein Malzeichen an ihre rechte Hand oder an ihre Stirn gibt; und dass niemand kaufen oder verkaufen kann, als nur der, welcher das Malzeichen hat, den Namen des Tieres oder die Zahl seines Namens. Hier ist die Weisheit. Wer Verständnis hat, berechne die Zahl des Tieres! Denn es ist eines Menschen Zahl; und seine Zahl ist 666. (Offb. 13, 16-18).

Unter denjenigen, die nach der Ankunft Jesu und der Verzückung zurückgelassen wurden, sind Menschen, die das Evangelium gehört oder den Gottesdienst besucht haben und sich jetzt an das Wort Gottes erinnern.

Es gibt Menschen, die ihren Glauben absichtlich aufgegeben haben, und andere, die dachten, sie würden an Gott glauben, aber dennoch zurückgelassen wurden. Wenn sie der Bibel von ganzem Herzen geglaubt hätten, hätten sie ein gutes Leben in Christus geführt.

Stattdessen waren sie stets lau und sagten sich: „Ich werde erst herausfinden, ob der Himmel und die Hölle existieren, wenn ich gestorben bin." Das zeigt, dass sie nicht die Art von Glauben hatten, die nötig ist, um erlöst zu werden.

Die Strafe für die Menschen, die das Malzeichen des Tieres tragen

Solche Menschen erkennen erst nachdem sie die Entrückung miterlebt haben, dass jedes Wort in der Bibel wahr ist. Dann grämen sie sich und weinen bitterlich. Von großer Furcht ergriffen tun sie Buße dafür, dass sie nicht gemäß dem Willen Gottes gelebt haben und suchen verzweifelt nach einem Weg, wie sie erlöst werden können. Weil sie wissen, dass es für sie nur noch den Weg in die Hölle gibt, wenn sie das Malzeichen des Tieres bekommen, tun sie alles, um das zu vermeiden. Auf diese Weise werden sie versuchen, einen Beweis für ihren Glauben zu erbringen.

Und ein anderer, dritter Engel folgte ihnen und sprach mit lauter Stimme: Wenn jemand das Tier und sein Bild anbetet und ein Malzeichen annimmt an seine Stirn oder an seine Hand, so wird auch er trinken vom Wein des Grimmes Gottes, der unvermischt im Kelch seines Zornes bereitet ist; und er wird mit Feuer und Schwefel gequält werden vor den heiligen Engeln und vor dem Lamm. Und der Rauch ihrer Qual steigt auf von Ewigkeit zu

Ewigkeit; und sie haben keine Ruhe Tag und Nacht, die das Tier und sein Bild anbeten, und wenn jemand das Malzeichen seines Namens annimmt. Hier ist das Ausharren der Heiligen, welche die Gebote Gottes und den Glauben Jesu bewahren. (Offb. 14, 9-12).

Doch es ist nicht einfach, sich vor dem Malzeichen des Tieres zu schützen, insbesondere in einer Welt, in der die bösen Geister die völlige Herrschaft über alles übernommen haben. Die bösen Geister wissen auch, dass die Menschen Erlösung erhalten, wenn sie sich weigern, das Zeichen 666 anzunehmen und den Märtyrertod sterben. Deshalb geben sie nicht so leicht auf.

In den Tagen der frühen christlichen Kirche vor zweitausend Jahren verfolgten viele Herrscher die Christen, indem sie sie kreuzigen oder köpfen ließen oder sie den Löwen zum Fraß vorwarfen. Wenn die Menschen während der sieben Jahre der großen Bedrängnis auf diese Weise verfolgt würden, fänden unzählige von ihnen einen schnellen Tod. Doch während diesen sieben Jahren werden die bösen Geister es den Menschen, die noch übrig sind, nicht leicht machen. Sie werden die Menschen zwingen, Jesus auf jede erdenkliche Art zu verleugnen, indem sie alles mobilisieren, was sie gegen die Menschen in der Hand haben. Auch wenn die Menschen Selbstmord begehen, um der Qual zu entkommen, führt sie das nur auf direktem Weg in die Hölle.

Die Menschen, die zu Märtyrern werden

Ich habe bereits einige der grausamen Foltermethoden

erwähnt, derer sich die bösen Geister bedienen. Während der großen Bedrängnis wird von Foltermethoden Gebrauch gemacht werden, die unser Vorstellungsvermögen übersteigen. Und weil diese Folter fast unmöglich zu ertragen ist, werden während dieser Zeit nur sehr wenige Menschen erlöst werden.

Deshalb müssen wir alle stets geistlich wachsam sein und den Glauben besitzen, der uns bei der Ankunft Jesu in die Luft erhebt.

Während einer meiner Gebetszeiten zeigte Gott mir eine Vision, in der die Menschen, die nach der Verzückung zurückgelassen worden waren, auf alle möglichen Arten gefoltert wurden. Ich sah, dass die meisten von ihnen nicht in der Lage waren, sie zu ertragen und sich am Ende den bösen Geistern unterwarfen.

Den Menschen wurde beispielsweise die Haut abgezogen, ihre Knochen wurden gebrochen, ihre Finger und Zehen wurden abgeschnitten oder es wurde kochendes Öl über ihnen ausgegossen. Manche Menschen sind zwar in der Lage, trotz ihrer eigenen Qual zu widerstehen, doch sie können es nicht ertragen, zu sehen, wie ihre Eltern oder ihre kleinen Kinder leiden. Auch sie unterwerfen sich letztendlich dem Zeichen 666.

Doch es gibt auch eine kleine Zahl von gerechten Menschen, die all die Versuchungen und Qualen überwinden. Diese Menschen erhalten Erlösung. Obwohl es die beschämende Erlösung ist und sie ins Paradies eintreten, das zum Himmel gehört, sind sie einfach dankbar und froh, dass sie nicht in die Hölle gekommen sind.

Deshalb sind wir dazu verpflichtet, die Botschaft über die

Hölle auf der ganzen Welt zu verbreiten. Vielleicht hören die Menschen jetzt nicht darauf, doch wenn sie sich während der großen Bedrängnis daran erinnern, kann diese Botschaft den Weg zu ihrer Erlösung ebnen.

Manche Menschen sagen, wenn sie bei der Verzückung tatsächlich zurückgelassen werden, werden sie den Märtyrertod sterben, um erlöst zu werden.

Doch wenn sie in dieser Zeit des Friedens keinen Glauben haben konnten, wie sollte es ihnen dann inmitten einer solch brutalen Qual möglich sein, ihren Glauben zu verteidigen? Wir können nicht einmal vorhersagen, was uns in den nächsten zehn Minuten widerfährt. Wenn sie sterben, bevor sie auch nur eine Gelegenheit dafür hatten, den Märtyrertod zu sterben, erwartet sie nichts außer der Hölle.

Das Märtyrertum während der großen Bedrängnis

Damit du die Qual der großen Bedrängnis besser verstehst und in der Lage bist, geistlich stets wachsam zu bleiben, um sie zu vermeiden, will ich das Beispiel einer Seele näher ausführen.

Von dem Zeitpunkt an, zu dem eine Frau Gottes überfließende Gnade erfahren hatte, konnte sie wunderbare, herrliche und auch verborgene Dinge über Gott sehen. Doch ihr Herz war böse und ihr Glaube klein.

Mit diesen Gaben Gottes führte sie wichtige Pflichten aus, spielte eine wesentliche Rolle dabei, das Reich Gottes auszudehnen und fand mit ihren Taten oft das Wohlgefallen Gottes. Die Menschen nehmen oft an, dass diejenigen, die in der Gemeinde wichtige Pflichten zu erfüllen haben, Männer und Frauen großen Glaubens sein müssen.

Doch das ist nicht unbedingt richtig. Aus Gottes Sicht gibt es unzählige Gläubige, deren Glauben alles andere als „groß" ist. Für Gott zählt nicht fleischlicher Glaube, sondern geistlicher Glaube.

Gott will geistlichen Glauben

Lass uns den „geistlichen Glauben" kurz anhand des Beispiels der Befreiung der Israeliten aus Ägypten untersuchen. Die Israeliten erlebten die zehn Plagen Gottes, sie sahen mit eigenen Augen, wie das Rote Meer in zwei Teile geteilt wurde und wie der Pharao und sein Heer darin ertranken. Sie erfuhren Gottes Führung durch die Wolkensäule bei Tag und die Feuersäule bei Nacht. Jeden Tag aßen sie Manna vom Himmel, hörten die Stimme Gottes aus den Wolken und sahen seine Werke mit Feuer. Sie tranken Wasser aus einem Fels, nachdem Mose darauf geschlagen hatte und erlebten, wie das bittere Wasser von Mara in Trinkwasser verwandelt wurde. Obwohl sie wiederholt die Zeichen und Wunder des lebendigen Gottes erlebten, fand ihr Glaube weder Gottes Wohlgefallen noch war er für Gott auch nur akzeptabel. Deshalb konnten sie am Ende nicht in das verheißene Land Kanaan einziehen (4. Mose 20, 12).

Wenn dem Glauben eines Menschen keine Taten folgen, ist es kein wahrer Glaube, ganz gleich wie gut jemand Gottes Wort kennt oder ob er seine Zeichen und Wunder erlebt oder von ihnen gehört hat. Wenn wir jedoch geistlichen Glauben erlangen, werden wir nicht aufhören, Gottes Wort zu studieren. Wir werden dem Wort gehorsam sein, unser Herz beschneiden und jede Art von Bösem vermeiden. Ob wir „großen" oder „kleinen" Glauben haben, lässt sich daran erkennen, in welchem Ausmaß wir Gottes Wort gehorsam sind, inwieweit wir uns danach verhalten und danach leben, und wie ähnlich wir dem Herzen Gottes sind.

Wiederholter Ungehorsam aufgrund von Arroganz

In dieser Hinsicht hatte die Frau kleinen Glauben. Eine Zeitlang versuchte sie, ihr Herz zu beschneiden, doch sie konnte das Böse nicht völlig abwerfen. Und da sie eine Position innehatte, in der sie das Wort Gottes predigte, wurde sie immer arroganter.

Die Frau dachte, sie hätte wahren und großen Glauben. Sie ging sogar so weit zu denken, der Wille Gottes könne ohne ihre Gegenwart oder ihre Unterstützung weder erfüllt noch ausgeführt werden. Statt Gott für die Gaben, die er ihr geschenkt hatte, zu verherrlichen, war sie zunehmend darauf aus, dass ihr selbst die Anerkennung dafür gezollt wurde. Darüber hinaus benutzte sie Gottes Besitz zu ihrer freien Verfügung, um die Begierden ihres sündhaften Wesens zu befriedigen.

Lange Zeit war sie immer wieder ungehorsam. Auch wenn sie wusste, dass es Gottes Wille für sie war, dass sie nach Osten ging, ging sie nach Westen. So wie Gott auch Saul, den ersten König Israels, aufgrund seines Ungehorsams verwarf (1. Sam. 15, 22-23), wird wiederholter Ungehorsam Gott nur dazu veranlassen, sein Gesicht von Menschen abzuwenden, auch wenn sie einst als Gottes Werkzeuge gebraucht wurden, um sein Reich zu erfüllen und zu erweitern.

Weil die Frau das Wort kannte, war sie sich ihrer Sünden bewusst und tat wiederholt Buße. Doch ihr Gebet zur Buße war nur ein Lippenbekenntnis und entsprang nicht ihrem Herzen. Letztendlich beging sie immer wieder dieselben Sünden und erhöhte damit die Mauer der Sünde, die zwischen ihr und Gott stand, noch weiter.

In 2. Petrus 2, 22 heißt es: *„Es ist ihnen aber nach dem wahren Sprichwort ergangen: ‚Der Hund kehrt wieder um zu seinem eigenen Gespei‘ und die gewaschene Sau zum Wälzen im Kot.“*

Weil sie letztendlich in ihrer Arroganz, ihrer Gier und ihren unzähligen Sünden gefangen war, wandte Gott sein Angesicht von ihr ab und sie wurde zu einem Werkzeug Satans im Widerstand gegen Gott.

Die letzte Gelegenheit zur Buße

Menschen, die gegen den Heiligen Geist sprechen, sich ihm widersetzen oder ihn lästern, kann nicht vergeben werden. Sie werden nie wieder eine Möglichkeit bekommen, Buße zu tun und im Hades enden.

Doch bei dieser Frau verhält es sich ein wenig anders. Trotz all der Sünden und all des Bösen, das Gott wieder und wieder erzürnte, ließ er ihr eine letzte Chance, um Buße zu tun, weil sie einmal Gottes unschätzbares Werkzeug für sein Reich gewesen war. Obwohl die Frau ihre Pflicht und die Verheißung der Herrlichkeit vernachlässigt hatte, gab er ihr eine letzte Chance, weil sie ihm schon große Freude bereitet hat.

Sie widersetzt sich Gott immer noch, und der Heilige Geist in ihr wurde ausgelöscht. Doch durch Gottes besondere Gnade hat die Frau während der großen Bedrängnis eine letzte Möglichkeit, Buße zu tun, indem sie zum Märtyrer wird.

Ihre Gedanken werden immer noch von Satan kontrolliert, doch nach der Verzückung wird sie wieder zu Sinnen kommen. Und weil sie Gottes Wort so gut kennt, weiß sie auch genau, welcher Weg vor ihr liegt. Nachdem sie erkannt hat, dass der einzige Weg, Erlösung zu erhalten, darin besteht, dass sie zum Märtyrer wird, wird sie von Grund auf Buße tun, die Christen, die um sie zurückgeblieben sind, um sich herum versammeln und Gott anbeten und preisen und mit ihnen beten, während sie sich auf ihr Martyrium vorbereitet.

Der Märtyrertod und die beschämende Erlösung

Wenn die Zeit gekommen ist, wird sie sich weigern, das Zeichen 666 zu empfangen und anschließend von den Kohorten Satans weggetragen werden, um gefoltert zu werden. Sie schälen ihre Haut Schicht für Schicht ab. Sie versengen auch die weichsten und intimsten Teile ihres Körpers mit Feuer. Sie entwickeln eine Foltermethode für sie, die so schmerzhaft und so lang wie nur möglich ist. Bald ist der Raum von dem Geruch verbrannten Fleisches erfüllt. Ihr Körper ist von Kopf bis Fuß mit Blut verschmiert, ihr Kopf hängt herab und ihr Gesicht ist schwarzblau verfärbt, ähnlich wie bei einer Leiche.

Wenn sie diese Qual bis zum Ende durchsteht, wird sie trotz ihrer zahllosen Sünden und bösen Taten aus der Vergangenheit zumindest die beschämende Erlösung erhalten und ins Paradies eintreten. Das Paradies ist der äußerste Teil des Himmels und am weitesten vom Thron Gottes entfernt. Dort wird sie über ihre Taten in diesem Leben weinen und klagen. Natürlich wird sie sich freuen und dankbar dafür sein, dass sie gerettet wurde. Doch in der Zukunft wird sie bedauern, was sie getan hat und sich nach dem neuen Jerusalem sehnen. Sie wird sagen: „Wenn ich nur das Böse abgeworfen und Gottes Pflicht von ganzem Herzen ausgeführt hätte, dann wäre ich jetzt an dem herrlichsten Ort mitten im neuen Jerusalem..." Wenn sie Menschen sieht, die sie in diesem Leben kannte und die jetzt im neuen Jerusalem leben, wird sie sich immer schämen und verlegen sein.

Das Malzeichen 666

Wenn sie die Folter nicht erträgt und das Malzeichen des Tieres bekommt, wird sie noch vor dem tausendjährigen Reich in den Hades geworfen werden. Dort wird man sie bestrafen, indem man sie an der rechten Seite von Judas Iskariot kreuzigt. Ihre Bestrafung im Hades ist die Wiederholung der Tortur, der sie während der großen Bedrängnis unterzogen wurde. Über tausend Jahre lang wird man ihr immer wieder die Haut von ihrem Körper abziehen und ihren Körper mit Feuer versengen.

Die Botschafter der Hölle und all die Menschen, die Böses taten, indem sie ihr nachfolgten, werden die Frau quälen. Auch sie werden entsprechend ihren bösen Taten bestraft und lassen ihren Schmerz und ihren Zorn an ihr aus.

Sie werden bis zum Ende des tausendjährigen Reichs im Hades gequält. Nach dem Gericht werden diese Seelen in die Hölle gehen, wo Feuer und Schwefel brennen. Dort erwarten sie noch schwerere Strafen.

Die zweite Ankunft Christi und das tausendjährige Reich

Wie ich bereits erwähnt habe, wird Jesus aus der Luft zurückkommen, und die Menschen, die mit ihm entrückt werden, werden das siebenjährige Hochzeitsmahl mit ihm feiern, während die bösen Geister, die aus der Luft vertrieben wurden, auf der Erde für die große Bedrängnis sorgen.

Dann kehrt Jesus Christus auf die Erde zurück und das tausendjährige Reich beginnt. Während dieser Zeit werden die bösen Geister im Abgrund gefangen gehalten. Die Menschen, die das siebenjährige Hochzeitsmahl gefeiert haben, und die, die während der großen Bedrängnis den Märtyrertod starben, herrschen über die Erde und sind mit Jesus Christus für tausend Jahre in Liebe verbunden.

Glückselig und heilig, wer teilhat an der ersten Auferstehung! Über diese hat der zweite Tod keine Macht, sondern sie werden Priester Gottes und des Christus sein und mit ihm herrschen die tausend Jahre. (Offb. 20, 6).

Während dieser tausend Jahre wird auch eine kleine Zahl fleischlicher Menschen auf der Erde leben, die die große Bedrängnis überlebt haben. Diejenigen jedoch, die bereits gestorben sind, ohne Erlösung erhalten zu haben, werden weiterhin im Hades bestraft.

Das tausendjährige Reich

Wenn das tausendjährige Reich beginnt, werden die Menschen ein friedliches Leben haben. Es wird sein wie in den Tagen des Garten Eden, weil es keine bösen Geister gibt. Jesus Christus und die geretteten, geistlichen Menschen leben getrennt von den fleischlichen Menschen in einer Stadt, deren Gebäude den Schlössern von Königen ähneln. Die fleischlichen Menschen, die die große Bedrängnis überlebt haben, leben außerhalb der Stadt.

Doch zuerst wird Jesus Christus die Erde säubern. Er wird die verpestete Luft reinigen und die Bäume, Pflanzen, Berge und Flüsse wiederherstellen. Er wird eine wunderschöne Umgebung schaffen.

Die fleischlichen Menschen versuchen, so viele Kinder wie möglich zu bekommen, weil nur noch wenige von ihnen übrig sind. Die saubere Luft und die Abwesenheit böser Geister lassen keinen Raum für Krankheit und Übel. Die Ungerechtigkeit und das Böse in den Herzen der fleischlichen Menschen werden während dieser Zeit nicht offenbart, weil die bösen Geister, die das Böse verbreiten, im Abgrund gefangen sind.

Wie in den Tagen vor Noah werden die Menschen Hunderte von Jahren leben. Bald wird die Erde für tausend Jahre lang mit unzähligen Menschen gefüllt sein. Die Menschen essen kein

Fleisch, sondern nur Früchte, weil es überhaupt keine Zerstörung von Leben gibt.

Es wird lange Zeit dauern, bis sie wieder den heutigen Stand des wissenschaftlichen Fortschritts erreicht haben, weil in den Kriegen während der großen Bedrängnis ein großer Teil der Zivilisation zerstört wurde. Wenn sie ihre Klugheit und ihr Wissen vergrößern, können sie im Lauf der Zeit wieder den heutigen Entwicklungsstand erreichen.

Geistliche und fleischliche Menschen leben zusammen

Die geistlichen Menschen, die mit Jesus auf der Erde leben, müssen nicht essen wie die fleischlichen Menschen, weil ihre Körper bereits in wiederauferstandene, geistliche Körper verwandelt wurden. Normalerweise genießen sie den Duft von Blumen und dergleichen, obwohl sie, wenn sie wollen, dieselben Dinge essen können wie die fleischlichen Menschen. Doch die geistlichen Menschen wollen keine feste Nahrung, und selbst wenn sie sie essen, scheiden sie keine unverdaulichen Reste aus wie die fleischlichen Menschen. Die Nahrung, die geistliche Menschen essen, wird durch ihre Atmung in die Luft verdaut.

Die geistlichen Menschen predigen den fleischlichen Menschen von Jesus Christus und bezeugen ihn, damit sie am Ende des tausendjährigen Reichs, wenn die bösen Geister kurz aus dem Abgrund freigelassen werden, nicht verführt werden. Es ist die Zeit vor dem Gericht, deshalb hat Gott die bösen Geister nicht dauerhaft im Abgrund eingesperrt, sondern nur für tausend Jahre (Offb. 20, 3).

Das Ende des tausendjährigen Reichs

Wenn das tausendjährige Reich endet, werden die bösen Geister für kurze Zeit freigelassen. Dann beginnen sie, die fleischlichen Menschen, die bis dahin friedlich gelebt hatten, zu versuchen und zu täuschen. Die meisten fleischlichen Menschen erliegen diesen Versuchungen und Täuschungen, obwohl die geistlichen Menschen sie detailliert vor den Dingen gewarnt haben, die kommen werden. Sie stellen sich den geistlichen Menschen entgegen und planen, gegen sie in den Krieg zu ziehen.

Und wenn die tausend Jahre vollendet sind, wird der Satan aus seinem Gefängnis losgelassen werden und wird hinausgehen, die Nationen zu verführen, die an den vier Ecken der Erde sind, den Gog und den Magog, um sie zum Krieg zu versammeln; deren Zahl ist wie der Sand des Meeres. Und sie zogen herauf auf die Breite der Erde und umzingelten das Heerlager der Heiligen und die geliebte Stadt; und Feuer kam aus dem Himmel herab und verschlang sie. (Offb. 20, 7-9).

Doch Gott wird die fleischlichen Menschen, die den Krieg anfachen, mit Feuer zerstören und die bösen Geister, die für kurze Zeit freigelassen wurden, nach dem Gericht vor dem großen weißen Thron wieder zurück in den Abgrund werfen.

Auch die fleischlichen Menschen, deren Zahl während der tausend Jahre zunimmt, werden nach Gottes Gerechtigkeit gerichtet werden. All die Menschen, die nicht erlöst wurden –

darunter auch diejenigen, die die sieben Jahre der großen Bedrängnis überlebt haben, – werden in die Hölle geworfen. Die Menschen, die erlöst wurden, werden in den Himmel einziehen und entsprechend ihrem Glauben an verschiedenen Orten im Himmel wohnen, also im neuen Jerusalem oder im Paradies usw.

Nach dem Gericht des großen weißen Thrones wird die geistliche Welt in Himmel und Hölle aufgeteilt. Darüber werde ich im folgenden Kapitel näher eingehen.

Die Vorbereitung als schöne Braut des Herrn

Damit du nicht in großer Bedrängnis zurückgelassen wirst, musst du dich darauf vorbereiten, die Braut Jesu Christi zu sein und ihn bei seiner Ankunft zu begrüßen.

Das Gleichnis von den zehn Jungfrauen in Matthäus 25, 1-13 ist eine wichtige Lektion für alle Gläubigen. Auch wenn du deinen Glauben an Gott bekennst, wirst du deinen Bräutigam Jesus Christus nicht in Empfang nehmen können, wenn du nicht genügend Öl für deine Lampe besorgt hast. Fünf der Jungfrauen hatten sich genug Öl besorgt, damit sie ihren Bräutigam begrüßen und das Hochzeitsmahl mit ihm feiern konnten. Den anderen fünf Jungfrauen ging das Öl aus und sie konnten nicht am Hochzeitsmahl teilnehmen.

Wie können wir uns nun wie die fünf klugen Jungfrauen darauf vorbereiten, die Braut des Herrn zu werden, damit wir nicht die große Bedrängnis ertragen müssen, sondern stattdessen am Hochzeitsmahl teilnehmen können?

Bete inständig und bleibe wachsam

Auch wenn du noch nicht lange gläubig bist und noch schwachen Glauben hast, wird Gott dich inmitten der schlimmsten Probleme in Sicherheit bewahren, solange du dein Bestes tust, um dein Herz zu beschneiden. Ganz gleich, wie schwierig die Umstände sind, Gott wird dich in ein Gewand des Lebens hüllen und dafür sorgen, dass du die Probleme mit Leichtigkeit überwindest.

Es gibt jedoch auch Menschen, die lange Zeit gläubig waren, ihre von Gott gegebenen Pflichten ausgeführt haben und eine Menge von Gottes Wort wissen, dann aber aufhören zu beten, ihr Herz zu beschneiden und nach Reinheit zu streben. Diese Menschen kann Gott nicht mehr beschützen.

Wenn du in Schwierigkeiten steckst, musst du in der Lage sein, die Stimme des Heiligen Geistes zu hören, um sie zu überwinden. Doch wie kannst du ein siegreiches Leben führen, wenn du nicht betest und nicht auf die Stimme des Heiligen Geistes hörst? Wenn du nicht vollkommen vom Heiligen Geist erfüllt bist, verlässt du dich zunehmend auf deine eigenen Gedanken und kommst immer wieder zu Fall, wenn Satan dich versucht.

Wir müssen uns darüber bewusst sein, dass jetzt, wo wir uns dem Ende dieses Zeitalters nähern, die bösen Geister umhergehen wie brüllende Löwen und suchen, wen sie verschlingen können, denn sie wissen, dass auch ihr Ende nahe ist. Wir können oft beobachten, wie faule Schüler kurz vor einem Examen beginnen zu pauken und nicht mehr schlafen. Genauso muss auch ein Gläubiger, der weiß, dass wir in den letzten Tagen vor dem Ende des Zeitalters leben, wachsam bleiben und sich als Braut für den Herrn vorbereiten.

Wirf das Böse ab und werde dem Herrn ähnlicher

Wie verhalten sich Menschen, die wachsam bleiben? Sie beten ohne Unterlass, sind stets vom Heiligen Geist erfüllt, glauben an das Wort Gottes und leben danach.

Wenn du die ganze Zeit über wachsam bleibst, stehst du immer mit Gott in Verbindung und kannst deshalb von den bösen Geistern nicht verführt werden. Darüber hinaus kannst du jede Schwierigkeit überwinden, weil der Heilige Geist dich auf das vorbereitet, was kommen wird, dich auf dem richtigen Weg führt und dafür sorgt, dass du das Wort der Wahrheit erkennst.

Die Menschen jedoch, die nicht wachsam bleiben, können die Stimme des Heiligen Geistes nicht hören. Deshalb können sie leicht von Satan verführt werden und auf den Weg des Todes geraten. Wachsam zu bleiben bedeutet, dein Herz zu beschneiden, dein Verhalten und dein Leben nach dem Wort Gottes auszurichten und geheiligt zu werden.

In der Offenbarung 22, 14 heißt es: *„Glückselig, die ihre Kleider waschen, damit sie ein Anrecht am Baum des Lebens haben und durch die Tore in die Stadt hineingehen!"* Die „Kleider" in diesem Vers beziehen sich auf die formale Kleidung. In geistlicher Hinsicht stehen die „Kleider" für dein Herz und dein Verhalten. Die „Kleider zu waschen" bedeutet, dass du alles Böse abwirfst, Gottes Wort befolgst, geistlich wirst und Jesus Christus immer ähnlicher wirst. Die Menschen, die auf diese Weise geheiligt werden, erwerben damit das Recht, durch die Tore des Himmels zu gehen und ewiges Leben zu genießen.

Menschen, die ihre Kleider im Glauben waschen

Wie können wir unsere Kleider gründlich waschen? Als erstes musst du dein Herz mit dem Wort der Wahrheit und inständigem Gebet beschneiden. In anderen Worten, du musst jede Unwahrheit und alles Böse aus deinem Herzen entfernen und es stattdessen ausschließlich mit der Wahrheit füllen. Ebenso wie du Flecken auf deiner Kleidung mit sauberem Wasser herauswäschst, solltest du schmutzige Sünden, Gesetzlosigkeit und Bosheit mit dem Wort Gottes, dem Wasser des Lebens, herauswaschen, die Kleider der Wahrheit anlegen und dem Herzen Jesu Christi ähnlich werden. Gott will jeden segnen, der seinen Glauben durch Taten gezeigt und sein Herz beschnitten hat.

In der Offenbarung 3, 5 heißt es: *„Wer überwindet, der wird so mit weißen Kleidern bekleidet werden, und ich werde seinen Namen aus dem Buch des Lebens nicht auslöschen und seinen Namen bekennen vor meinem Vater und vor seinen Engeln."* Menschen, die die Welt im Glauben überwinden und in der Wahrheit leben, werden ewiges Leben im Himmel haben, weil sie das Herz der Wahrheit besitzen und nichts Böses in ihnen ist.

Die Menschen hingegen, die in der Finsternis leben, haben nichts mit Gott zu tun, ganz gleich, wie lange sie auch Christen gewesen sein mögen, denn Jesus sagt: *„Ich kenne deine Werke, dass du den Namen hast, dass du lebst, und bist tot."* (Offb. 3, 1). Setze deshalb deine Hoffnung nur auf Gott, der uns nicht nach unserem Äußeren beurteilt, sondern nur nach unserem Herzen und unseren Werken. Bete ohne Unterlass und gehorche dem Wort Gottes, damit du vollkommene Erlösung erhältst.

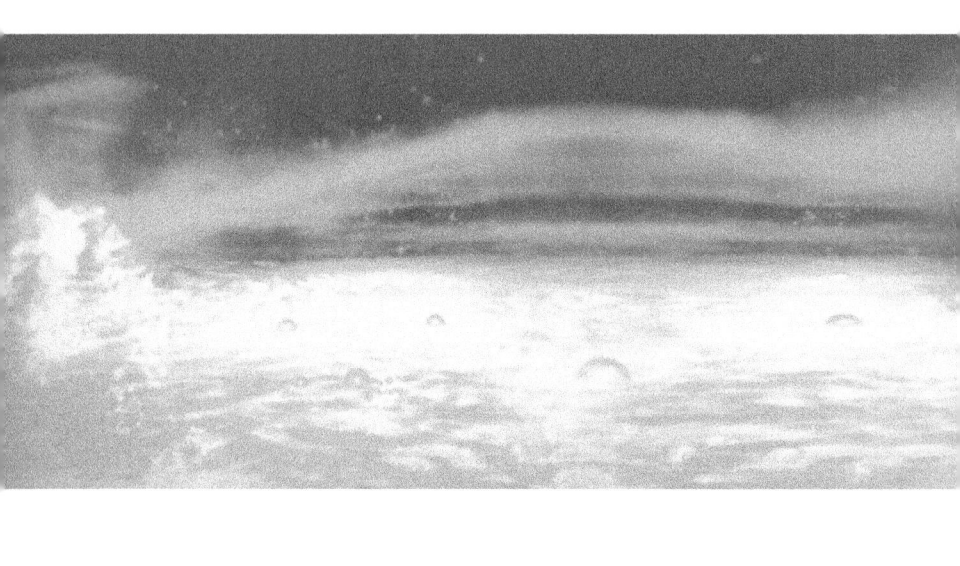

Kapitel 8

Die Bestrafung in der Hölle nach dem großen Gericht

Nicht gerettete Seelen fallen nach dem Gericht in die Hölle

Der See, der mit Feuer brennt, und der See, der mit Schwefel brennt

Manche bleiben auch nach dem Gericht im Hades

Die Bösen Geister werden im Abgrund gefangen gehalten

Wo werden die Dämonen enden?

„[In der Hölle,] wo ihr Wurm nicht stirbt und das
Feuer nicht erlischt." Denn jeder wird mit Feuer
gesalzen werden."
- Markus 9,48-49 -

„Und der Teufel, der sie verführte, wurde in den
Feuer- und Schwefelsee geworfen, wo sowohl
das Tier als auch der falsche Prophet sind; und
sie werden Tag und Nacht gepeinigt werden von
Ewigkeit zu Ewigkeit."
- Offenbarung 20,10 -

Mit der Ankunft Christi beginnt das tausendjährige Reich auf dieser Erde, und nach diesen tausend Jahren folgt das Gericht vor dem großen weißen Thron. Das Gericht, das über Himmel oder Hölle, Belohnung oder Strafe entscheidet, wird jeden entsprechend seinen Werken, die er in diesem Leben getan hat, richten. Deshalb werden manche ewiges Glück im Himmel erleben, während andere für immer in der Hölle bestraft werden. Lass uns nun näher auf das Gericht vor dem großen weißen Thron, das über Himmel oder Hölle entscheidet, eingehen. Außerdem wollen wir uns ansehen, was für ein Ort die Hölle ist.

Nicht gerettete Seelen fallen nach dem Gericht in die Hölle

Als ich im Juli 1982 betete, um mich auf den Beginn meines Dienstes vorzubereiten, bekam ich detaillierte Informationen über das Gericht vor dem großen weißen Thron. Gott zeigte mir eine Szene, in der er auf seinem Thron saß. Der Herr Jesus Christus, Mose und diejenigen, die die Rolle des Schiedsgerichts einnahmen, standen vor dem Thron. Obwohl Gott mit einer Genauigkeit und einer Gerechtigkeit richtet, die kein Richter auf dieser Welt je erreichen könnte, fällt er seine Urteile zusammen mit Jesus Christus als dem Vertreter der Liebe, mit Mose als dem Vertreter des Gesetzes und mit den Schöffen.

Die Bestrafung in der Hölle wird im Gericht bestimmt

In der Offenbarung 20, 11-15 lesen wir, dass Gott mit Genauigkeit und Gerechtigkeit richtet. Das Gericht erfolgt anhand des Buchs des Lebens, in dem die Namen der Erretteten aufgeschrieben sind, und den Büchern, in denen jede Tat der Menschen festgehalten wurde.

Und ich sah einen großen weißen Thron und den, der darauf saß, vor dessen Angesicht die Erde entfloh und der Himmel, und keine Stätte wurde für sie gefunden. Und ich sah die Toten, die Großen und die Kleinen, vor dem Thron stehen, und Bücher wurden geöffnet; und ein anderes Buch wurde geöffnet, welches das des Lebens ist. Und die Toten wurden gerichtet nach dem, was in den Büchern geschrieben war, nach ihren Werken. Und das Meer gab die Toten, die in ihm waren, und der Tod und der Hades gaben die Toten, die in ihnen waren, und sie wurden gerichtet, ein jeder nach seinen Werken. Und der Tod und der Hades wurden in den Feuersee geworfen. Dies ist der zweite Tod, der Feuersee. Und wenn jemand nicht geschrieben gefunden wurde in dem Buch des Lebens, so wurde er in den Feuersee geworfen.

Mit den „Toten" sind hier all diejenigen gemeint, die Christus nicht als ihren Retter angenommen haben oder toten Glauben haben. Wenn die Zeit von Gottes Gericht gekommen ist, erstehen „die Toten" wieder auf, um vor dem Thron Gottes gerichtet zu werden. Dort wird das Buch des Lebens geöffnet.

Neben dem Buch des Lebens, in dem die Namen aller geretteten Menschen aufgeschrieben sind, gibt es noch andere Bücher, in denen jedes Werk der Toten notiert ist. Die Engel schreiben alles auf, was wir tun, sagen und denken, ob wir nun andere verfluchen, jemanden schlagen, in Wut geraten oder Gutes tun. Ebenso wie du dir bestimmte Ereignisse oder Dialoge mit Hilfe einer Videokamera für lange Zeit als lebendige Erinnerung bewahren kannst, bewahrt auch Gott, der Allmächtige, jede Szene deines Lebens auf der Erde auf.

Deshalb wird Gott am Tag des Gerichts entsprechend den Berichten in diesen Büchern richten. Die Menschen, die nicht gerettet wurden, werden gemäß ihren bösen Werken gerichtet und erhalten entsprechend der Schwere ihrer Sünden verschiedene Strafen, die ewig andauern.

Der See, der mit Feuer brennt, und der See, der mit Schwefel brennt

Wenn es in der Offenbarung heißt: „...das Meer gab die Toten, die in ihm waren", bedeutet das nicht, dass das Meer diejenigen freigab, die darin ertrunken waren. Das „Meer" bezieht sich hier geistlich auf die Welt. Das bedeutet, dass die Menschen, die auf der Welt gelebt haben und wieder zu Staub geworden sind, auferstehen, um vor Gott gerichtet zu werden.

Was bedeutet es dann, wenn es heißt: „...der Tod und der Hades gaben die Toten, die in ihnen waren"? Es bedeutet, dass auch die Menschen auferstehen, die im Hades gelitten haben, und von Gott gerichtet werden. Die Bestrafung im Hades dauert so lange an, bis das Gericht vor dem großen weißen Thron stattfindet. Nach Gottes Gericht werden die meisten von ihnen – je nach der Schwere ihrer Sünden – in den See, der mit Feuer brennt, oder den See, der mit Schwefel brennt, geworfen.

Aber den Feigen und Ungläubigen und mit Gräueln Befleckten und Mördern und Unzüchtigen und Zauberern und Götzendienern und allen Lügnern ist ihr Teil in dem See, der mit Feuer und Schwefel brennt, das ist der zweite Tod. (Offb. 21, 8).

Die Bestrafung im See, der mit Feuer brennt, kann nicht unbedingt mit der Bestrafung im Hades verglichen werden. Die Hölle ist der Ort, *„wo ihr Wurm nicht stirbt und das Feuer nicht erlischt. Denn jeder wird mit Feuer gesalzen werden."* (Mk. 9, 48-49). Und der See, der mit Schwefel brennt, ist noch sieben Mal heißer als der See, der mit Feuer brennt.

Bis zum Tag des Gerichts werden die Menschen im Hades, dem Vorort der Hölle, bestraft. Manche werden von Insekten oder wilden Tieren zerrissen, andere werden von den Botschaftern der Hölle auf vielerlei Arten gequält. Nach dem Gericht bleibt nur noch der Schmerz im Feuersee oder im Schwefelsee.

Todesqualen im Feuersee oder im Schwefelsee

Als ich in meiner Gemeinde über diese grauenvollen Details der Hölle predigte, konnten viele meiner Gemeindemitglieder die Tränen nicht zurückhalten. Viele schauderten und beklagten die Menschen, die an einem solch elenden Ort waren. Die Strafen im Feuersee oder im Schwefelsee sind noch viel schlimmer als jede Bestrafung im Hades. Kannst du dir das Ausmaß dieser Qual auch nur ungefähr vorstellen? Selbst wenn wir uns anstrengen, können wir, die wir noch im Fleisch sind, die geistlichen Gesetze nur bis zu einem bestimmten Grad verstehen.

Wie könnten wir die Herrlichkeit und die Schönheit des Himmels in ihrem ganzen Ausmaß begreifen? Auch die Ewigkeit ist etwas, das wir uns nicht wirklich vorstellen können. Wir können lediglich Mutmaßungen darüber anstellen. Wenn wir versuchen, uns ein Bild vom Leben im Himmel zu machen, das von Freude, Glück, Entzücken, Schönheit und dergleichen erfüllt ist, ist dieses Bild noch immer weit entfernt von dem tatsächlichen Leben, das wir eines Tages im Himmel führen werden. Wenn du in den Himmel kommst, alles mit eigenen Augen siehst und das Leben dort erfährst, wird dein Mund vor Staunen offen stehen bleiben und du wirst sprachlos sein. Auf der anderen Seite können wir auch das Ausmaß des Leidens, das jenseits dieser Welt liegt, niemals vollkommen begreifen, wenn wir die Qualen in der Hölle nicht tatsächlich erleben.

Menschen, die in den Feuersee oder den Schwefelsee geworfen werden

Obwohl ich versuchen werde, mein Bestes zu tun, solltest du im Gedächtnis behalten, dass die Hölle ein Ort ist, der sich mit den Worten dieser Welt nicht angemessen beschreiben lässt. Auch wenn ich alles so gut erkläre, wie es mir möglich ist, wird meine Beschreibung dir weniger als ein Millionstel der grausamen Realität der Hölle vermitteln können. Und das Wissen um die Tatsache, dass die Dauer ihrer Qualen nicht begrenzt ist, sondern ewig andauern wird, lässt die verdammten Seelen noch unendlich mehr leiden.

Nach dem Gericht vor dem großen weißen Thron werden die Menschen, die im Hades die erste und die zweite Stufe der Bestrafung erhalten haben, in den Feuersee geworfen. Diejenigen, die die dritte und vierte Stufe der Bestrafung erhielten, werden in den See mit brennendem Schwefel geworfen. Die Seelen, die jetzt im Hades sind, wissen, dass ihnen das Gericht noch bevorsteht, und sie wissen auch, wo sie nach dem Gericht sein werden. Während sie von Insekten und den Botschaftern der Hölle gepeinigt werden, können sie den Feuersee und den See mit brennendem Schwefel aus der Entfernung sehen und sind sich darüber bewusst, dass man sie dort hineinwerfen wird.

Deshalb leiden die Seelen im Hades nicht nur unter ihren derzeitigen Schmerzen, sondern auch unter geistiger Qual – der Furcht vor dem, was nach dem Gericht kommen wird.

Der qualvolle Aufschrei einer Seele im Hades

Während ich um Offenbarungen über die Hölle betete, ließ Gott zu, dass ich durch den Heiligen Geist den qualvollen Aufschrei einer Seele im Hades hören konnte. Während du diese Worte liest, versuche wenigstens ansatzweise, die Furcht und die Verzweiflung dieser Seele nachzuempfinden.

Wie kann das die Gestalt eines menschlichen Wesens sein?
So sah ich während meines Lebens auf der Erde nicht aus.
Meine Erscheinung hier ist entsetzlich und abscheulich!

Dieser endlose Schmerz, die Verzweiflung,
wie kann ich befreit werden?
Was kann ich tun,
um diesen schrecklichen Gefühlen zu entkommen?
Kann ich sterben? Was kann ich tun?
Ist mir inmitten dieser ewigen Bestrafung
nicht einmal eine kurze Zeit der Ruhe vergönnt?
Gibt es irgendeinen Weg,
dieses verdammte Leben zu verkürzen,
das ich in unerträglichen Schmerzen verbringen muss?

Ich verletze meinen Körper, um mich umzubringen,
doch ich kann nicht sterben.
Es gibt kein Ende... es gibt einfach kein Ende...
Es gibt kein Ende für die Qualen meiner Seele.
Es gibt kein Ende für mein ewig dauerndes Leben.

Wie kann ich das mit Worten beschreiben?
Bald werde ich in einen großen Feuersee
von unendlicher Tiefe geworfen werden.
Wie soll ich das ertragen?

Die Folter hier ist unerträglich!
Dieser wütende Feuersee ist
so Furcht erregend, so tief und so heiß.
Wie soll ich das ertragen?
Wie kann ich ihm entkommen?
Wie kann ich dieser Qual entkommen?

Wenn ich nur leben könnte...
Wenn es nur einen Weg für mich gäbe zu leben...
Wenn ich nur erlöst werden könnte...
Ich könnte zumindest nach einem Ausweg suchen,
doch ich sehe keinen.

Hier ist nur Finsternis, Verzweiflung und Schmerz,
und für mich gibt es nur Frustration und Elend.
Wie soll ich diese Qualen ertragen?
Wenn sich doch nur die Tür zum Leben öffnen würde...
Wenn ich doch nur einen Ausweg sehen könnte...

Bitte rette mich. Bitte rette mich.
Das ist zu Furcht erregend und zu schwer,
als dass ich es ertragen könnte.
Bitte rette mich. Bitte rette mich.

Meine bisherigen Tage waren so von Schmerz
und Verletzungen erfüllt.
Wie könnte ich in diesen schrecklichen See eintauchen?
Bitte rette mich!
Bitte sieh mich an!
Bitte rette mich!
Bitte habe Gnade mit mir!
Bitte rette mich!
Bitte rette mich!

In den Hades geworfen

Nach dem Leben auf der Erde erhält niemand „eine zweite
Chance". Das einzige, was dich erwartet, ist, dass du die Last für
jede deiner Taten tragen musst.

Wenn die Menschen vom Himmel und der Hölle hören,
sagen manche: „Ob Himmel und Hölle wirklich existieren,
werde ich erst herausfinden, wenn ich gestorben bin." Doch
wenn du erst einmal tot bist, ist es zu spät. Wenn du stirbst, gibt
es kein Zurück mehr, deshalb musst du dir dessen sicher sein,
bevor du stirbst.

Wenn du in den Hades geworfen wirst, spielt es keine Rolle
mehr, wie viel Reue du empfindest, wie sehr du Buße tust und zu
Gott flehst. Dann kannst du der unvermeidlichen und
entsetzlichen Bestrafung nicht mehr entgehen und es gibt keine
Hoffnung mehr für deine Zukunft, sondern nur noch endlose
Qualen und Verzweiflung.

Die Seele, deren Klage du eben gelesen hast, weiß nur zu gut, dass es keine Möglichkeit mehr gibt, erlöst zu werden. Dennoch schreit sie zu Gott, „nur für alle Fälle". Die Seele fleht um Gnade und Erlösung. Der Schrei der Seele verwandelt sich in durchdringendes Geheul, doch dieses dringt nur durch die Tiefen der Hölle und verklingt. Und natürlich gibt es keine Antwort.

Die Buße der Menschen im Hades ist nicht aufrichtig und ernsthaft, obwohl sie anscheinend so jämmerlich Buße tun. Es ist immer noch Bosheit in ihren Herzen, und weil sie wissen, dass ihre Schreie zwecklos sind, geben die Seelen noch mehr Böses von sich und verfluchen Gott. Das macht es offensichtlich für uns, warum solche Menschen nicht in den Himmel kommen konnten.

Der See, der mit Feuer brennt, und der See, der mit Schwefel brennt

Im Hades können die Seelen nur noch flehen, sich Vorwürfe machen und klagen, während sie sich fragen: „Warum bin ich hier?" Sie fürchten den Feuersee und fragen sich: „Wie kann ich den Botschaftern der Hölle entkommen?"

Wenn sie jedoch erst einmal in den Feuersee geworfen wurden, können sie an nichts anderes mehr denken als an die endlosen Schmerzen und Qualen. Verglichen mit der Bestrafung im Feuersee, die unvorstellbar schmerzhaft ist, waren die Strafen im Hades relativ leicht. Der Schmerz ist so stark, dass wir mit unseren begrenzten Fähigkeiten nicht in der Lage sind, ihn uns vorzustellen.

Wenn du dir zumindest eine ungefähre Vorstellung von diesen Qualen machen willst, streue Salz in eine heiße Bratpfanne. Du wirst sehen, wie die Salzkörner in der Pfanne umherhüpfen, und das gleicht der Szene, die man im Feuersee beobachten kann: In ihrem verzweifelten Bemühen, der Hitze zu entkommen, hüpfen die Seelen darin auf und ab wie das Salz in der Pfanne.

Stell dir einmal vor, du wärst in einem Becken mit kochendem, 100°C heißem Wasser. Der Feuersee ist noch viel heißer als das kochende Wasser, und der See, der mit Schwefel brennt, ist noch sieben Mal heißer als der Feuersee. Wenn du einmal hineingeworfen wurdest, gibt es kein Entkommen mehr und du wirst für immer und ewig leiden. Die vier Stufen der Bestrafung im Hades vor dem Gericht sind viel leichter zu ertragen.

Doch warum lässt Gott die Seelen tausend Jahre lang im Hades leiden, bevor er sie in den Feuersee oder den See mit brennendem Schwefel wirft? Weil die nicht geretteten Menschen dann über sich selbst nachdenken. Gott will, dass sie erkennen, warum sie für einen solch elenden Ort wie die Hölle bestimmt waren, und gründlich Buße für ihre Sünden aus der Vergangenheit tun. Es ist jedoch extrem schwierig, Menschen zu finden, die Buße tun, und die Wahrscheinlichkeit, dass sie noch mehr Böses von sich geben als zuvor, ist sehr groß. Jetzt wissen wir, warum Gott die Hölle erschaffen musste.

Gesalzen im Feuer des Feuersees

Als ich 1982 einmal betete, zeigte Gott mir eine Szene aus dem Gericht vor dem großen weißen Thron und gewährte mir auch einen kurzen Blick auf den Feuersee und den See mit brennendem Schwefel. Die beiden Seen waren riesig.

Aus der Entfernung sahen die beiden Seen und die Seelen darin aus wie Menschen, die in heißen Quellen stehen. Manche Menschen standen bis zur Brust im Wasser, andere bis zum Hals, sodass nur noch ihr Kopf zu sehen war.

In Markus 9, 48-49 beschreibt Jesus die Hölle als einen Ort, *„wo ihr Wurm nicht stirbt und das Feuer nicht erlischt. Denn jeder wird mit Feuer gesalzen werden."* Kannst du dir den Schmerz in einer solch schrecklichen Umgebung vorstellen? Bei ihrem Versuch, zu entkommen, können sie nicht mehr tun als zu springen wie das springende Salz und mit den Zähnen zu knirschen.

Manchmal hüpfen die Menschen in dieser Welt beim Spielen oder wenn sie bis spät in die Nacht in Nachtclubs tanzen auf und ab. Nach einer Weile werden sie müde, und wenn sie wollen, ruhen sie sich aus. In der Hölle jedoch hüpfen die Seelen nicht aus Vergnügen, sondern aufgrund extremer Schmerzen, und natürlich haben sie nicht die Möglichkeit, sich auszuruhen, wenn ihnen danach ist. Sie schreien so laut vor Schmerzen, dass sie ganz benommen werden, und ihre starrenden, blutunterlaufenen Augen verfärben sich in ein tiefes Blau. Darüber hinaus platzt ihr Gehirn und die Flüssigkeit spritzt heraus.

Ganz gleich, wie sehr sie sich auch anstrengen, es gelingt den Seelen nicht, aus dem See herauszukommen. Sie versuchen, einander wegzudrücken und trampeln aufeinander herum, doch es ist nutzlos. Der Feuersee ist so groß, dass man von einem Ende nicht bis an das andere Ende sehen kann. An jedem Zentimeter des Sees herrscht dieselbe Temperatur, und diese Temperatur lässt nie nach, wie viel Zeit auch vergeht. Bis zum Gericht vor dem großen weißen Thron hat Luzifer die Befehlsgewalt über den Hades, und jede Bestrafung wird durch seine Macht und Autorität verhängt.

Nach dem Gericht jedoch wird Gott die Macht besitzen und die Strafen gemäß seiner Vorsehung erteilen. Deshalb kann die Temperatur des ganzen Feuersees immer auf derselben Stufe gehalten werden.

Das Feuer wird die Seelen leiden lassen, doch es wird sie nicht töten. So wie die Körperteile der Seelen im Hades wiederhergestellt werden, wenn sie abgeschnitten oder in Teile zerrissen wurden, werden auch hier die Körper der Seelen schnell wiederhergestellt, nachdem sie verbrannt wurden.

Der ganze Körper und seine Organe werden versengt

Wie geht es den Seelen, die im Feuersee bestraft werden? Hast du schon einmal eine Szene in einem Comic, einem Trickfilm oder Cartoon im Fernsehen gesehen, in dem eine Figur durch einen Stromschlag getötet wird? In dem Moment, in dem die Hochspannung durch seinen Körper rast, verwandelt sich sein Körper in ein Skelett mit schwarzen Umrissen. Wenn der Strom abgeschaltet wird, sieht er wieder ganz normal aus. Oder stell dir Röntgenstrahlen vor, die die inneren Teile des Körpers sichtbar machen.

Auf ähnliche Weise sieht man die Seelen im Feuersee im einen Moment in ihrer körperlichen Erscheinung, und im nächsten ist dieser Körper verschwunden und es ist nur noch ihr Geist sichtbar. Dieses Muster wiederholt sich immer wieder. In dem sengenden Feuer wird der Körper der Menschen im einen Augenblick verbrannt und verschwindet, und im nächsten Moment wird er wiederhergestellt.

Wenn du in dieser Welt eine Verbrennung dritten Grades erleidest, kann es sein, dass du das Brennen auf deinem ganzen Körper kaum erträgst und fast verrückt wirst. Niemand kann das Ausmaß dieses Schmerzes nachempfinden, bis er ihn selbst erlebt. Auch wenn nur ein Teil deines Körpers wie beispielsweise deine Arme verbrannt sind, wirst du den Schmerz nicht ertragen können.

Normalerweise lassen die Schmerzen erst einige Tage nach der Verbrennung nach. Die Hitze des Feuers dringt in den Körper ein, verletzt die Zellen und manchmal sogar das Herz. Wie schmerzhaft wird es dann sein, wenn all deine Körperteile, einschließlich deiner inneren Organe verbrannt werden, nur um sofort wiederhergestellt und immer wieder aufs Neue verbrannt zu werden?

Die Seelen im See, der mit Feuer brennt, sind nicht in der Lage, den Schmerz zu ertragen, doch sie können weder das Bewusstsein verlieren noch können sie sterben oder auch nur einen Augenblick ausruhen.

Der See, der mit Schwefel brennt

Der Feuersee ist der Ort, wo Menschen bestraft werden, die relativ leichte Sünden begangen und im Hades die erste oder zweite Stufe der Bestrafung erlitten haben. Die Menschen, die schwerere Sünden begangen haben und im Hades der dritten oder vierten Stufe der Bestrafung unterzogen wurden, werden in den Schwefelsee geworfen, der noch sieben Mal heißer ist als der Feuersee. Wie ich bereits erwähnt habe, ist der Schwefelsee für Menschen vorgesehen, die gegen den Heiligen Geist gesprochen, sich ihm widersetzt oder ihn gelästert haben; für diejenigen, die Jesus nochmals kreuzigten; für die Menschen, die ihn betrogen haben; für die, die bewusst immer wieder gesündigt haben; für extreme Götzenanbeter; für diejenigen, die gesündigt haben, nachdem ihr Gewissen ausgebrannt wurde; für all diejenigen, die sich Gott mit bösen Taten widersetzt haben sowie für falsche Propheten und Lehrer, die Lügen verbreitet haben.

Der Feuersee ist mit „rotem" Feuer gefüllt. Das Feuer im Schwefelsee ist eher gelb als rot und immer so heiß, dass Blasen in der Größe von Kürbissen daraus aufsteigen. Die Seelen in diesem See sind in der Flüssigkeit des brennenden Schwefels vollkommen untergetaucht.

Überwältigt von Schmerz

Der Schmerz im Feuersee ist bereits unvorstellbar stark. Wie könnte man dann erst den Schmerz im See mit brennendem Schwefel, der noch sieben Mal heißer ist als der Feuersee, beschreiben?

Ich will versuchen, ihn anhand eines Beispiels aus der Welt deutlicher zu machen. Stell dir einmal vor, jemand müsste flüssiges Eisen trinken, das in einem heißen Ofen geschmolzen wurde. Wie schmerzvoll wäre das? Wenn die Hitze, die so gewaltig ist, dass sie hartes Eisen zu einer Flüssigkeit schmilzt, die Speiseröhre hinunter in den Magen strömt, würden die inneren Organe verbrennen.

Im Feuersee können die Seelen zumindest auf- und ab hüpfen und vor Schmerzen schreien. Doch im See, der mit Schwefel brennt, sind die Schmerzen so stark, dass die Seelen nicht einmal in der Lage sind, zu stöhnen oder zu denken. Und was noch schlimmer ist: Die Seelen müssen diese Qualen für immer und ewig erdulden. Für die Todesqualen im Schwefelsee gibt es keine Worte, mit denen sich ihr entsetzliches Ausmaß auch nur annähernd beschreiben ließe.

Manche bleiben auch nach dem Gericht im Hades

Die geretteten Menschen als alttestamentlicher Zeit waren im Totenreich, bis Jesus auferstand. Nach seiner Auferstehung traten sie ins Paradies ein. Wir werden im äußeren Bereich des Paradieses warten, bis seine zweite Ankunft in der Luft stattfindet. Die geretteten Menschen aus neutestamentlicher

Zeit bleiben drei Tage lang im Vorhimmel und treten dann ebenfalls in den äußeren Bereich des Paradieses ein, bis Jesus wiederkommt.

Ungeborene Kinder jedoch, die im Mutterleib sterben, gehen weder nach der Auferstehung von Jesus Christus noch nach dem Gericht ins Paradies. Sie bleiben für immer im Vorhimmel.

Auch unter denen, die jetzt im Hades leiden, gibt es Ausnahmen. Diese Seelen werden weder in den Feuersee noch in den Schwefelsee geworfen. Wer sind diese Seelen?

Kinder, die vor der Pubertät sterben

Unter den Nicht-Erretteten sind Föten, die im sechsten Schwangerschaftsmonat oder noch später abgetrieben wurden, und Kinder vor der Pubertät, etwa um die zwölf Jahre alt. Diese Seelen werden nicht in den Feuersee oder den Schwefelsee geworfen, denn obwohl sie aufgrund ihrer Bosheit in den Hades gekommen sind, waren sie zum Zeitpunkt ihres Todes noch nicht reif genug, um einen unabhängigen eigenen Willen zu haben. Das bedeutet, dass sie den Kurs, den ihr Leben im Glauben genommen hat, nicht unbedingt selbst gewählt haben, denn sie konnten leicht von ihren Eltern, von Vorfahren oder ihrer Umgebung beeinflusst werden.

Der Gott der Liebe und der Gerechtigkeit bedenkt diese Faktoren und wirft sie auch nach dem Gericht nicht in den Feuersee oder den Schwefelsee. Das bedeutet jedoch nicht, dass ihre Strafe geringer ausfällt oder gar ausbleibt. Sie werden auf ewig auf dieselbe Weise bestraft werden, wie sie im Hades bestraft wurden.

Denn der Lohn der Sünde ist der Tod

Abgesehen von diesen Ausnahmen werden alle Menschen im Hades entsprechend ihren Sünden, die sie auf der Erde begangen haben, in den Feuersee oder den Schwefelsee geworfen werden. In Römer 6, 23 heißt es: *„Denn der Lohn der Sünde ist der Tod, die Gnadengabe Gottes aber ewiges Leben in Christus Jesus, unserem Herrn."* Der „Tod" bezieht sich hier nicht auf das Ende des Lebens auf der Erde, sondern auf die ewige Bestrafung im Feuersee oder im Schwefelsee. Die entsetzliche Qual der ewigen Bestrafung ist der Lohn der Sünde, und deshalb weißt du, dass die Sünde schrecklich, schmutzig und abscheulich ist.

Wenn die Menschen auch nur ein wenig über das ewige Elend der Hölle wüssten, wie könnten sie keine Angst davor haben, dort zu enden? Wie könnten sie sich weigern, Jesus Christus anzunehmen und dem Wort Gottes zu gehorchen und danach zu leben?

In Markus 9, 45-47 sagt uns Jesus:

> *Und wenn dein Fuß dir Anlass zur Sünde gibt, so hau ihn ab! Es ist besser für dich, lahm in das Leben hineinzugehen, als mit zwei Füßen in die Hölle geworfen zu werden. Und wenn dein Auge dir Anlass zur Sünde gibt, so wirf es weg! Es ist besser für dich,*

einäugig in das Reich Gottes hineinzugehen, als mit
zwei Augen in die Hölle geworfen zu werden ...

Wenn du sündigst, indem du an Orte gehst, an die du nicht gehen solltest, ist es besser für dich, wenn du dir die Füße abhaust als in die Hölle zu gehen. Wenn du sündigst, indem du mit deinen Händen Dinge tust, die du nicht tun solltest, ist es besser für dich, sie abzuhacken als in der Hölle zu landen. Und es ist auch besser für dich, wenn du dein Auge herausreißt, wenn du sündigst, indem du dir Dinge ansiehst, die du nicht sehen solltest.

Doch mit der Gnade Gottes, die er uns großzügig schenkt, brauchen wir weder unsere Hände oder Füße abhacken noch unser Auge herausreißen, um in den Himmel zu kommen. Diese Gnade kann uns gewährt werden, weil unser sündloses und schuldloses Lamm, der Herr Jesus Christus, um unsretwillen gekreuzigt wurde, indem man seine Hände und Füße mit Nägeln durchbohrte und ihm eine Dornenkrone aufs Haupt setzte.

Der Sohn Gottes kam, um das Werk des Teufels zu vernichten

Deshalb ist jedem, der an das Blut Jesu Christi glaubt, vergeben. Er ist befreit von der Bestrafung im Feuersee oder im Schwefelsee und wird mit ewigem Leben belohnt.

In 1. Johannes 3, 8-9 heißt es: „*Wer die Sünde tut, ist aus dem Teufel, denn der Teufel sündigt von Anfang an. Hierzu ist der Sohn Gottes geoffenbart worden, damit er die Werke des Teufels vernichte. Jeder, der aus Gott geboren ist, tut nicht Sünde, denn sein Same bleibt in ihm; und er kann nicht sündigen, weil er aus Gott geboren ist."*

Die Sünde ist mehr als eine Tat wie beispielsweise Stehlen, Morden oder Schwindeln. Das Böse im Herzen eines Menschen ist eine ernstere Sünde. Gott hasst das Böse in unserem Herzen. Er hasst das böse Herz selbst, das andere verurteilt und verdammt, das hasst und stolpert, das listig ist und betrügt. Wie würde der Himmel aussehen, wenn Menschen mit einem solchen Herzen dort einziehen und leben dürften? Dann würden die Menschen auch dort darüber streiten, was richtig und was falsch ist. Deshalb lässt Gott nicht zu, dass böse Menschen in den Himmel gelangen.

Wenn du ein Kind Gottes wirst, das durch das Blut Jesu Christi ermächtigt ist, musst du dich deshalb von aller Unwahrheit abwenden und darfst dem Teufel nicht mehr als Sklave dienen. Stattdessen musst du als ein Kind Gottes, der das Licht selbst ist, in der Wahrheit leben. Nur dann kannst du die ganze Herrlichkeit des Himmels besitzen und nur dann wirst du damit gesegnet sein, die Autorität als ein Kind Gottes zu gewinnen und auch in dieser Welt ein gutes Leben zu haben.

Du darfst nicht sündigen, wenn du deinen Glauben bekennst

Gott liebt uns so sehr, dass er seinen geliebten, unschuldigen und einzigen Sohn hingegeben hat, um für uns am Kreuz zu sterben. Kannst du dir dann vorstellen, wie sehr Gott klagt und erregt ist, wenn er sieht, dass Menschen, die sich „Gottes Kinder" nennen, unter dem Einfluss Satans sündigen und im Eiltempo auf die Hölle zusteuern?

Ich bitte dich, nicht zu sündigen, sondern stattdessen Gottes Geboten zu gehorchen und dich als Gottes kostbares Kind zu erweisen. Wenn du das tust, werden all deine Gebete schneller beantwortet und du wirst ein wahres Kind Gottes. Und am Ende wirst du in das herrliche neue Jerusalem eintreten und dort leben. Du wirst auch die Kraft und die Autorität haben, die Finsternis von den Menschen zu vertreiben, die die Wahrheit noch nicht kennen, die immer noch sündigen und Sklaven des Teufels sind. Du wirst ermächtigt werden, sie zu Gott zu führen.

Mögest du ein wahres Kind Gottes sein, Antworten auf deine Gebete und Bitten erhalten, ihn verherrlichen und zahllose Menschen erretten, die auf dem Weg in die Hölle sind, damit du die Herrlichkeit Gottes erreichst und im Himmel leuchtest wie die Sonne.

Die Bösen Geister werden im Abgrund gefangen gehalten

Nach *Webster's New World College Dictionary* wird der „Abgrund" definiert als „bodenlose Kluft", „Schlucht" oder „alles, dessen Tiefe nicht mehr messbar ist". Im biblischen Sinn ist der Abgrund der tiefste und niedrigste Teil der Hölle. Er ist reserviert für die bösen Geister.

Und ich sah einen Engel aus dem Himmel herabkommen, der den Schlüssel des Abgrundes und eine große Kette in seiner Hand hatte. Und er griff den Drachen, die alte Schlange, die der Teufel und der Satan ist; und er band ihn tausend Jahre und warf ihn in den Abgrund und schloss zu und versiegelte über ihm, damit er nicht mehr die Nationen verführe, bis die tausend Jahre vollendet sind. Nach diesem muss er für kurze Zeit losgelassen werden. (Offb. 20, 1-3).

Das ist eine Beschreibung der Zeit am Ende der sieben Jahre der großen Bedrängnis. Nach der Ankunft von Jesus Christus werden die bösen Geister die Welt sieben Jahre lang kontrollieren. Während dieser Zeit werden der dritte Weltkrieg und andere Katastrophen über die Erde kommen. Nach der großen Bedrängnis beginnt das tausendjährige Reich, während dessen die bösen Geister im Abgrund gefangen gehalten werden. Am Ende dieses tausendjährigen Reichs werden sie für kurze Zeit losgelassen, und wenn das Gericht vor dem großen weißen Thron vorüber ist, werden sie wiederum in den Abgrund geworfen, und diesmal für immer. Noch kontrollieren Luzifer und seine Diener die Welt der Finsternis, doch nach dem Gericht werden Himmel und Hölle nur noch von Gottes Kraft geführt werden.

Die bösen Geister sind lediglich Instrumente

Welche Bestrafung erhalten die bösen Geister, die im Abgrund schließlich all ihre Macht und Autorität verloren haben?

Bevor wir dieser Frage nachgehen, mach dir noch einmal klar, dass die bösen Geister nur als Instrumente dienen. Warum lässt Gott Menschen auf der Erde leben, obwohl es im Himmel unzählige Heerscharen und Engel gibt? Weil Gott wahre Kinder haben will, mit denen er in Liebe verbunden ist.

Lass mich dir ein Beispiel geben. Die ganze Geschichte Koreas hindurch hatten die Adeligen für gewöhnlich viele Diener in ihrem Haushalt. Die Diener gehorchten, was immer ihr Herr befahl. Nun hatte ein Herr verschwenderische Söhne und Töchter, die ihm nicht gehorsam waren, sondern taten, was ihnen gefiel. Bedeutete das nun, dass der Herr seine gehorsamen Diener mehr liebte als seine verschwenderischen Kinder? Nein, denn er kann nicht anders, als seine Kinder zu lieben, auch wenn sie nicht die gehorsamsten sind.

Dasselbe gilt für Gott. Er liebt die Menschen, die nach seinem Bild erschaffen wurden, ganz gleich wie viele gehorsame himmlische Heerscharen und Engel er hat. Die himmlischen Heerscharen und Engel sind mehr wie Roboter, die nur tun, was ihnen gesagt wird. Deshalb sind sie nicht in der Lage, wirklich in Liebe mit Gott verbunden zu sein.

Natürlich heißt das nicht, dass Engel und Roboter in jeder Hinsicht gleich sind. Roboter tun nur, was man ihnen befiehlt, sie haben keinen freien Willen und können nicht fühlen. Im

Gegensatz dazu kennen Engel ebenso wie die Menschen das Gefühl von Freude und Leid.

Sie verspüren diese Gefühle nicht auf dieselbe Weise wie du, doch sie wissen, was du fühlst. Wenn du Gott preist, preisen die Engel ihn mit dir. Wenn du tanzt, um Gott zu verherrlichen, tanzen sie auch und spielen dazu auf Instrumenten. Dieser Charakterzug unterscheidet sie von Robotern. Doch Engel und Roboter haben gemeinsam, dass sie keinen freien Willen haben und nur tun, was ihnen gesagt wird. Sie sind nur als Werkzeuge oder Instrumente gemacht und werden auch als solche eingesetzt.

Wie die Engel sind auch die bösen Geister nichts anderes als Werkzeuge, die für die Menschen gebraucht werden. Sie sind wie Maschinen, die Gutes vom Bösen nicht unterscheiden können; sie sind zu einem bestimmten Zweck erschaffen und werden zu einem bösen Zweck gebraucht.

Die bösen Geister werden im Abgrund eingesperrt

Das Gesetz der geistlichen Welt gibt vor: „Der Lohn der Sünde ist der Tod" und „Ein Mensch erntet, was er sät". Gemäß diesen Gesetzen werden die Seelen im Hades nach dem großen Gericht in den Feuersee oder in den Schwefelsee geworfen. Sie haben sich in ihrem Leben auf der Erde aus ihrem eigenen Willen und ihren Gefühlen heraus für das Böse entschieden.

Abgesehen von den Dämonen spielen die bösen Geister für die Menschen keine Rolle. Deshalb werden sie nach dem Gericht in den dunklen und kalten Abgrund geworfen und zurückgelassen wie ein Berg Müll. Das ist die einzig angemessene Strafe für sie.

Gottes Thron steht im Zentrum und am höchsten Punkt des Himmels. Im Gegensatz dazu werden die bösen Geister im Abgrund, dem tiefsten und dunkelsten Ort der Hölle eingesperrt. Dort haben sie kaum Bewegungsfreiheit. Sie werden für immer dort gefangen bleiben, so als ob ein riesiger Felsbrocken sie nach unten pressen würde.

Diese bösen Geister gehörten einst zum Himmel und hatten herrliche Aufgaben. Nach ihrem Fall machten sich die gefallenen Engel ihre Autorität in der Welt der Finsternis nach ihrem eigenen Gutdünken zunutze. Letzten Endes jedoch wurden sie in dem Krieg, den sie gegen Gott führten, besiegt, und damit war alles vorüber. Sie verloren all die Herrlichkeit und all ihren Wert als himmlische Wesen. Wenn sie als Symbol des Fluchs und der Ungnade im Abgrund gelandet sind, werden die Flügel dieser gefallenen Engel abgerissen sein.

Ein Geist ist ein ewiges Wesen und daher unsterblich. Doch ein böser Geist im Abgrund kann nicht einmal einen Finger rühren, hat kein Gefühl, keinen Willen und keine Kraft. Sie sind wie ausgeschaltete Maschinen oder wie Puppen, die weggeworfen wurden, und sehen aus, als seien sie zu Eis erstarrt.

Manche Botschafter der Hölle bleiben im Hades

Zu dieser Regel gibt es jedoch eine Ausnahme. Wie ich oben erwähnt habe, bleiben Kinder unter zwölf Jahren auch nach dem Gericht im Hades. Um die Bestrafung dieser Kinder fortzusetzen, werden hier noch einige Botschafter der Hölle benötigt.

Diese Botschafter der Hölle werden nicht in den Abgrund geworfen, sondern verbleiben im Hades. Sie sehen aus wie Roboter. Bis das Gericht stattfindet, lachen sie und genießen den Anblick der gefolterten Seelen, doch das tun sie nicht, weil sie selbst irgendwelche Emotionen haben. Es ist die Kontrolle Luzifers, der menschliche Charaktereigenschaften besitzt, die die Botschafter dazu bringt, Gefühle zu zeigen. Nach dem Gericht jedoch werden sie nicht mehr von Luzifer kontrolliert, sondern tun ihre Arbeit nur noch mechanisch und ohne jegliche Emotionen.

Wo werden die Dämonen enden?

Im Gegensatz zu den gefallenen Engeln, den Drachen und ihren Nachfolgern, die vor der Schöpfung des Universums erschaffen wurden, sind Dämonen keine geistlichen Wesen. Sie waren einmal Menschen, aus Staub gemacht, und hatten wie wir einen Geist, eine Seele und einen Körper. Von den Menschen, die einst auf dieser Erde lebten, jedoch starben, ohne erlöst zu sein, kehren einige als Dämonen auf die Erde zurück.

Wie wird man nun ein Dämon? Normalerweise gibt es vier Möglichkeiten, durch die Menschen zu Dämonen werden.

Als erstes ist das bei Menschen der Fall, die ihren Geist und ihre Seele Satan verschrieben haben.

Menschen, die Zauberei praktizieren und die Hilfe und die

Macht böser Geister suchen, um ihre Begierden zu befriedigen wie beispielsweise ein Magier, können zu Dämonen werden, wenn sie sterben.

Die zweite Möglichkeit besteht bei Menschen, die in ihrer eigenen Boshaftigkeit Selbstmord begangen haben.

Wenn Menschen, aus welchen Gründen auch immer, ihrem Leben selbst ein Ende setzen, missachten sie damit Gottes Herrschaft über das Leben und können zu Dämonen werden. Doch das ist nicht dasselbe, wie wenn man sein Leben für sein Land opfert oder Menschen in Not hilft. Wenn ein Mensch, der nicht schwimmen kann, ins Wasser springt, um einen anderen zu retten und dabei sein eigenes Leben aufs Spiel setzt, tut er das aus einem guten und edlen Grund.

Der dritte Fall sind Menschen, die einmal an Gott geglaubt haben, ihn dann jedoch verleugnet und ihren Glauben verraten haben.

Manche Gläubige machen Gott Vorwürfe oder widersetzen sich ihm, wenn sie in große Schwierigkeiten geraten oder jemanden oder etwas verlieren, das ihnen sehr lieb ist. Charles Darwin, der Pionier der Evolutionstheorie, ist dafür ein gutes Beispiel. Darwin glaubte einmal an Gott, den Schöpfer. Als seine geliebte Tochter vorzeitig starb, begann Darwin, Gott zu verleugnen und sich ihm zu widersetzen und entwickelte die Evolutionstheorie. Solche Menschen begehen die Sünde, Jesus Christus, unseren Erlöser, wieder zu kreuzigen (Heb. 6, 6).

Der vierte und letzte Fall sind Menschen, die den Heiligen Geist behindern, indem sie sich ihm entgegenstellen und ihn lästern, obwohl sie an Gott glauben und die Wahrheit kennen (Mt. 12, 31-32; Lk. 12, 10).

Es gibt heute viele Menschen, die das tun, wenn sie auch nach außen hin ihren Glauben an Gott bekennen. Obwohl diese Menschen unzählige Werke Gottes erleben, verurteilen sie andere, widersetzen sich den Werken des Heiligen Geistes und versuchen, Gemeinden, in denen seine Werke geschehen, zu zerstören. Wenn solche Menschen auch noch in der Position eines Leiters sind, wiegt ihre Sünde umso schwerer.

Wenn diese Sünder sterben, werden sie in den Hades geworfen und erhalten die dritte oder die vierte Stufe der Bestrafung. Manche dieser Seelen werden zu Dämonen und kehren auf die Erde zurück. Für weitere Informationen über Dämonen empfehle ich dir die Predigt-Serie „Die Welt der bösen Geister".

Dämonen werden vom Teufel kontrolliert

Bis zum Tag des Gerichts hat Luzifer die vollkommene Autorität über die Welt der Finsternis und den Hades. Deshalb hat er auch die Macht, im Hades bestimmte Seelen auszuwählen, die am besten für seine Machenschaften geeignet sind, und sie in der Welt als Dämonen zu gebrauchen.

Wenn diese Seelen ausgewählt und in die Welt geschickt wurden, haben sie im Gegensatz zu der Zeit ihres Lebens keinen eigenen Willen und keine Gefühle mehr. Entsprechend dem

Willen Luzifers werden sie vom Teufel kontrolliert und dienen den bösen Geistern lediglich als Instrumente, um ihre Ziele zu erreichen.

Die Dämonen verleiten die Menschen auf der Erde dazu, die Welt zu lieben. Viele der scheußlichsten Sünden und Verbrechen in unserer heutigen Zeit sind kein Zufall, sondern das Ergebnis der Werke der Dämonen, die den Willen Luzifers tun. Die Dämonen besetzen diese Menschen entsprechend dem Gesetz der geistlichen Welt und führen sie in die Hölle. Manchmal sorgen die Dämonen dafür, dass die Menschen verkrüppelt oder krank werden. Das bedeutet natürlich nicht, dass jede körperliche Behinderung oder Krankheit auf Dämonen zurückzuführen ist, aber manchmal ist es der Fall. In der Bibel finden wir einen von Dämonen besessenen Jungen, der von Kindheit an stumm war (Mk. 9, 17-24) und eine Frau, die achtzehn Jahre lang einen Geist der Schwäche hatte und zusammengekrümmt und gänzlich unfähig war, sich aufzurichten (Lk. 13, 10-13)

Nach dem Willen Luzifers wurden die Dämonen mit den leichtesten Pflichten in der Welt der Finsternis betraut, doch sie werden nach dem Gericht nicht in den Abgrund geworfen. Da die Dämonen einmal Menschen waren und auf der Erde lebten, werden sie nach dem Gericht vor dem großen weißen Thron zusammen mit denen, die im Hades die dritte oder vierte Stufe der Bestrafung erhielten, in den See mit brennendem Schwefel geworfen.

Die bösen Geister fürchten sich vor dem Abgrund

Manche von euch, die sich an die Worte in der Bibel erinnern, mögen nun denken, dass hier noch etwas fehlt. In Lukas 8 gibt es eine Szene, in der Jesus auf einen von Dämonen besessenen Mann trifft. Als er dem Dämon befahl, aus dem Mann auszufahren, sagte der Dämon: *„Was habe ich mit dir zu schaffen, Jesus, Sohn Gottes, des Höchsten? Ich bitte dich, quäle mich nicht."* Er bat Jesus, nicht in den Abgrund fahren zu müssen.

Dämonen sind dazu bestimmt, in den See mit brennendem Schwefel geworfen zu werden, nicht in den Abgrund. Warum bat dieser Dämon Jesus dann, ihn nicht in den Abgrund zu schicken? Wie ich bereits erwähnt habe, waren die Dämonen einmal Menschen, und als solche sind sie lediglich Instrumente, die von Luzifer für seine Machenschaften unter den Menschen gebraucht werden. Als der Dämon durch die Lippen des besessenen Mannes zu Jesus sprach, verlieh er deshalb dem Herzen der bösen Geister Ausdruck, die ihn kontrollierten, nicht seinem eigenen. Die bösen Geister, die von Luzifer angeführt werden, wissen, dass sie all ihre Autorität und Macht verlieren und auf ewig im Abgrund gefangen gehalten werden, wenn Gottes Vorsehung für die Menschen vollendet ist. Das Flehen des Dämons macht ihre Furcht vor der Zukunft überdeutlich.

Darüber hinaus wurde der Dämon als Werkzeug benutzt, damit sowohl die Furcht der bösen Geister als auch ihr Ende in der Bibel aufgeschrieben werden konnten.

Warum hassen Dämonen Wasser und Feuer?

Schon früh in meinem Dienst wirkte der Heilige Geist so mächtig in meiner Gemeinde, dass Blinde sehen, Stumme sprechen und Lahme wieder gehen konnten und die bösen Geister ausgetrieben wurden. Diese Neuigkeit verbreitete sich im ganzen Land, sodass viele kranke Menschen zu uns kamen. Zu dieser Zeit betete ich für die Menschen, die von Dämonen besessen waren, und die Dämonen wussten als geistliche Wesen im Voraus, dass sie ausgetrieben würden. Manchmal flehten Dämonen mich an: „Bitte treibe uns nicht ins Wasser und ins Feuer!" Natürlich konnte ich ihrem Flehen nicht nachgeben.

Aber warum hassen Dämonen Wasser und Feuer? Auch in der Bibel lesen wir von ihrem Groll gegen Wasser und Feuer. Als ich darüber betete und Gott bat, mir den Grund zu offenbaren, sagte er mir, dass Wasser geistlich gesehen für das Leben steht, genauer gesagt, für das Wort Gottes, der das Licht selbst ist. Das Feuer symbolisiert das Feuer des Heiligen Geistes. Dementsprechend verlieren Dämonen, die die Finsternis selbst repräsentieren, ihre Macht und Autorität, wenn sie in Feuer oder Wasser hinein ausgetrieben werden.

In Markus 5 gibt es eine Szene, in der Jesus dem Dämon „Legion" befiehlt, aus einem Mann auszufahren. Daraufhin bitten die Dämonen Jesus, in die Schweine fahren zu dürfen (Mk. 5, 12). Jesus gab ihnen die Erlaubnis und die unreinen Geister kamen aus dem Mann heraus und fuhren in die Schweine. Und die Herde stürzte sich den Abhang hinab in den See, etwa zweitausend, und sie ertranken in dem See. Jesus tat das, um diese Dämonen davon abzuhalten, weiter für Luzifer zu arbeiten. Das bedeutet jedoch nicht, dass die Dämonen tatsächlich ertranken – sie verloren nur ihre Macht. Deshalb sagt uns Jesus: *„Wenn aber der unreine Geist von dem Menschen ausgefahren ist, so durchwandert er dürre Orte, sucht Ruhe und findet sie nicht.“* (Mt. 12, 43).

Die Kinder Gottes sollten gut über die geistliche Welt Bescheid wissen, um Gottes Kraft zu demonstrieren. Dämonen zittern vor Furcht, wenn man sie mit vollkommener Kenntnis der geistlichen Welt austreibt. Doch sie werden nicht zittern und noch viel weniger ausfahren, wenn du nur sagst: „Du Dämon, komm heraus und geh ins Wasser! Geh ins Feuer!“, ohne dass du die geistliche Bedeutung des Wassers und des Feuers kennst.

Luzifer kämpft um den Aufbau seines Reichs

Gott ist der Gott der überfließenden Liebe, doch er ist auch der Gott der Gerechtigkeit. Auch wenn Machthaber dieser Welt barmherzig und nachsichtig sind, können sie diese Haltung nicht bedingungslos zu jeder Zeit aufrechterhalten. Wenn es Diebe und Mörder in einem Land gibt, sollte ein Herrscher dafür sorgen, dass sie gefangen genommen und gemäß dem Gesetz des Landes bestraft werden, damit der Friede und die Sicherheit für sein Land gewährleistet sind. Auch wenn Menschen, die ihm nahe stehen, schwere Verbrechen begehen wie beispielsweise einen Verrat, hat der Herrscher keine andere Wahl als sie entsprechend dem Gesetz zu bestrafen.

Auf dieselbe Weise entspricht die Liebe Gottes der strengen

Ordnung der geistlichen Welt. Gott hatte Luzifer vor seinem Verrat sehr geliebt, und nach dem Verrat gab Gott Luzifer sogar die gesamte Autorität über die Finsternis. Doch der einzige Lohn, den Luzifer bekommen wird, ist die Gefangenschaft im Abgrund. Weil Luzifer das bereits weiß, kämpft er darum, dass sein Reich gegründet wird und dauerhaft fest steht. Aus demselben Grund tötete er bereits vor zweitausend Jahren und auch schon vor dieser Zeit viele Propheten Gottes. Als Luzifer vor zweitausend Jahren von der Geburt Jesu hörte, versuchte er, Jesus durch König Herodes zu töten. Damit wollte er verhindern, dass das Reich Gottes gegründet wird und gleichzeitig sein Reich der Finsternis bewahren. Nachdem er von Satan angestiftet worden war, ließ Herodes alle Jungen von zwei Jahren und darunter töten, die in Bethlehem und in seinem ganzen Gebiet waren (Mt. 2, 13-18).

Abgesehen davon hat Luzifer während der letzten beiden Jahrtausende unablässig versucht, jeden zu zerstören und zu töten, der die wunderbare Kraft Gottes offenbarte. Doch es wird Luzifer nie gelingen, die Oberhand über Gott zu gewinnen oder seine Weisheit zu übertreffen, und am Ende bleibt für ihn nur der Abgrund.

Der Gott der Liebe ist geduldig und gibt Möglichkeiten zur Buße

Alle Menschen auf der Erde werden entsprechend ihren Taten gerichtet. Auf die Ungerechten warten Flüche und Strafen und auf die Gerechten warten Segen und Herrlichkeit. Doch

Gott, der die Liebe selbst ist, wirft die Menschen, die gerade gesündigt haben, nicht sofort in die Hölle. Er wartet geduldig darauf, dass die Menschen Buße tun, denn beim Herrn ist ein Tag wie tausend Jahre und tausend Jahre wie ein Tag (2. Petr. 3, 8-9). Das ist die Liebe Gottes, der will, dass alle Menschen erlöst werden.

Durch diese Botschaft über die Hölle sollte dir nun klar sein, dass Gott auch auf die geduldig gewartet hat, die jetzt im Hades bestraft werden. Dieser Gott der Liebe beklagt nun die Seelen, die nach seinem Bild erschaffen wurden, denn sie leiden jetzt und werden auch in alle Ewigkeit leiden.

Doch trotz Gottes Liebe und Geduld werden Menschen, die das Evangelium nicht völlig annehmen oder vorgeben zu glauben, aber dennoch weiter sündigen, keine Möglichkeit mehr haben, erlöst zu werden und unweigerlich in die Hölle kommen.

Deshalb sollten wir Gläubige immer das Evangelium verbreiten, ob wir nun eine Gelegenheit dafür haben oder nicht. Nehmen wir einmal an, in deinem Haus ist ein Feuer ausgebrochen, während du unterwegs warst. Als du zurückkommst, steht das ganze Haus, in dem deine Kinder schlafen, in Flammen. Wirst du nicht alles tun, was in deiner Macht steht, um deine Kinder zu retten? Umso mehr bricht es Gott das Herz, wenn er nach seinem Bild erschaffene Menschen sieht, die sündigen und in die ewigen Flammen der Hölle fallen. Kannst du dir andererseits vorstellen, wie sehr Gott sich freut, wenn er sieht, dass Menschen andere Menschen in die Erlösung führen?

Es ist wichtig dass du weißt, dass das Herz Gottes alle

Menschen liebt und um die trauert, die auf dem Weg zur Hölle sind. Ebenso solltest du das Herz von Jesus Christus kennen, der auch nicht einen Menschen verlieren will. Da du nun einiges über die Grausamkeit und das Elend der Hölle gelesen hast, kannst du sicher verstehen, warum Gott sich so sehr über die Erlösung von Menschen freut. Ich hoffe, dass du das Herz Gottes erfassen und spüren kannst, damit du die gute Nachricht verbreitest und Menschen in den Himmel führst.

Kapitel 9

Warum musste der Gott der Liebe die Hölle bereiten?

„*[Gott,] welcher will, dass alle Menschen gerettet werden und zur Erkenntnis der Wahrheit kommen.*"
- 1. Timotheus 2,4 -

„*[S]eine Worfschaufel ist in seiner Hand, und er wird seine Tenne durch und durch reinigen und seinen Weizen in die Scheune sammeln, die Spreu aber wird er mit unauslöschlichem Feuer verbrennen.*"
- Matthäus 3,12 -

Vor etwa zweitausend Jahren ging Jesus durch die Städte und Dörfer Israels, verkündigte die gute Nachricht und heilte jede Krankheit. Wenn er Menschen traf, wurde Jesus innerlich bewegt über sie, weil sie erschöpft und verschmachtet waren wie Schafe, die keinen Hirten haben (Mt. 9, 36). Es gab unzählige Menschen, die gerettet werden mussten, aber niemand nahm sich ihrer an. Obwohl Jesus in die Dörfer ging und die Menschen besuchte, konnte er sich nicht um jeden einzelnen von ihnen kümmern.

Jesus sagte zu seinen Jüngern: *„Die Ernte zwar ist groß, die Arbeiter aber sind wenige. Bittet nun den Herrn der Ernte, dass er Arbeiter aussende in seine Ernte!"* (Mt. 9, 37-38). Vor allem wurden Arbeiter gebraucht, um unzähligen Menschen mit brennender Liebe die Wahrheit zu lehren und an Jesus' Stelle die Finsternis von ihnen zu vertreiben.

Heutzutage gibt es so viele Menschen, die Sklaven der Sünde sind, die an Krankheiten, Armut und Kummer leiden und auf die Hölle zusteuern – und all das, weil sie die Wahrheit nicht kennen. Wir müssen das Herz Jesu verstehen, der nach Arbeitern für die Ernte sucht, damit wir nicht nur erlöst werden, sondern auch bekennen: „Hier bin ich! Sende mich aus, Herr!"

Gottes Liebe und Geduld

Es gab einmal einen Sohn, der von seinen Eltern sehr geliebt und bewundert wurde. Eines Tages bat dieser Sohn seine Eltern, ihm seinen Anteil an ihrem Vermögen zu geben. Sie entsprachen

243

seiner Bitte, obwohl sie ihn nicht ganz verstehen konnten, denn sie würden ihm doch ohnehin alles hinterlassen. Anfangs war er voller Hoffnung und Ehrgeiz, doch dann gab er sich immer mehr dem Vergnügen und den Leidenschaften der Welt hin und verlor schließlich sein ganzes Geld. Als zu dieser Zeit auch noch eine Hungersnot über das Land kam, wurde er noch ärmer. Eines Tages berichtete jemand den Eltern von dem Lebenswandel ihres Sohnes. Er sagte ihnen, was für ein verschwenderisches Leben er geführt hatte, und dass er nun lebte wie ein Bettler und von den Menschen verachtet wurde.

Wie müssen sich seine Eltern gefühlt haben? Vielleicht waren sie am Anfang ärgerlich, doch bald begannen sie, sich um ihren Sohn zu sorgen und zu denken: „Wir vergeben dir, Sohn. Komm nur schnell nach Hause!"

Gott nimmt Kinder an, die Buße tun und zu ihm zurückkehren

Das Herz dieser Eltern wird in Lukas 15 beschrieben. Der Vater, dessen Sohn sich aufgemacht hatte, um in ein fernes Land zu reisen, wartete jeden Tag an der Gartentür sehnsüchtig auf seine Rückkehr. Als der Sohn schließlich tatsächlich kam, erkannte er ihn schon von ferne. Er rannte ihm entgegen und schloss ihn voller Freude in die Arme. Der Sohn tat Buße, und sein Vater kleidete ihn in das beste Gewand und Sandalen, ließ das gemästete Kalb schlachten und gab ein Fest zu Ehren des Sohnes.

Das ist das Herz Gottes. Er vergibt nicht nur allen, die

ernsthaft Buße tun, ungeachtet der Menge oder der Schwere ihrer Sünden, sondern tröstet sie auch und befähigt sie, es besser zu machen. Wenn ein Mensch durch seinen Glauben gerettet wird, freut Gott sich und feiert diesen Anlass mit den himmlischen Heerscharen und seinen Engeln. Unser barmherziger Gott ist die Liebe selbst. Mit dem Herzen des Vaters, der auf seinen Sohn wartet, wünscht er sich, dass sich alle Menschen von der Sünde abwenden und Erlösung erhalten.

Der Gott der Liebe und der Vergebung

In Hosea 3 kannst du einen kurzen Blick auf die überreiche Barmherzigkeit und das große Mitgefühl Gottes erhaschen, der auch die Sünder liebt und immer bereit ist, ihnen zu vergeben.

Eines Tages befahl der Herr Hosea, sich eine Ehebrecherin zur Frau zu nehmen. Hosea gehorchte und heiratete Gomer. Einige Jahre später jedoch verliebte Gomer sich in einen anderen Mann. Sie wurde bezahlt wie eine Prostituierte und verließ Hosea wegen des anderen. Da sagte Gott zu Hosea: *„Geh noch einmal, liebe eine Frau, die sich von einem anderen lieben lässt und Ehebruch treibt, wie der Herr die Söhne Israel liebt, die sich aber anderen Göttern zuwenden und Traubenkuchen lieben."* (Hos. 3, 1). Gott befahl Hosea, seine Frau zu lieben, die ihn betrogen und für einen anderen Mann verlassen hatte. Hosea brachte Gomer zurück, nachdem er fünfzehn Silberschekel, einen Homer Gerste und einen Letech Gerste für sie bezahlt hatte (Hos. 3, 2). Wie viele Menschen wären in der Lage, so zu handeln? Nachdem Hosea Gomer zurückgebracht hatte, sprach er zu ihr: *„Viele Tage sollst du bei mir bleiben, du sollst nicht huren und keinem Mann gehören; und auch ich verhalte mich dir gegenüber so."* (Hos. 3, 3). Weder verdammte er sie noch hasste er sie, sondern vergab ihr stattdessen in Liebe und flehte sie an, ihn nie wieder zu verlassen.

Was Hosea tat, erscheint aus der Sicht der Menschen dieser Welt dumm. Doch sein Herz symbolisiert das Herz Gottes. So wie Hosea eine Frau heiratete, die Ehebruch begangen hatte, hat Gott uns, die wir ihn verlassen hatten, zuerst geliebt und uns sogar erlöst.

Nach Adams Ungehorsam waren alle Menschen von der Sünde durchdrungen. Wie Gomer waren sie die Liebe Gottes nicht wert. Aber Gott liebte sie trotzdem und gab ihnen seinen einzigen Sohn Jesus und ließ zu, dass er gekreuzigt wurde. Dieser Jesus wurde ausgepeitscht, trug eine Krone aus Dornen und wurde mit seinen Händen und Füßen ans Kreuz geschlagen, damit er uns retten konnte. Sogar als er bereits am Kreuz hing und im Sterben war, betete er: „Vater, vergib ihnen." Jesus tritt vor dem Thron unseres Gottes, des Vaters im Himmel, für alle Sünder ein.

Doch es gibt so viele Menschen, die Gottes Liebe und Gnade nicht kennen. Stattdessen lieben sie die Welt und sündigen, während sie ihren fleischlichen Begierden nachgeben. Manche leben in der Finsternis, weil sie die Wahrheit nicht kennen. Andere kennen die Wahrheit, doch im Lauf der Zeit verändert sich ihr Herz und sie sündigen wieder. Menschen, die gerettet sind, müssen sich jeden Tag aufs Neue heiligen. Doch im Gegensatz zu der Zeit, als sie zum ersten Mal mit dem Heiligen

Geist erfüllt wurden, werden die Herzen solcher Menschen korrupt und verunreinigt. Deshalb tun sie dieselben bösen Dinge, die sie zuvor abgeworfen hatten.

Gott liebt auch die Menschen, die gesündigt haben und die Welt lieben, und will ihnen vergeben. Ebenso wie Hosea seine ehebrecherische Frau zurückbrachte, die einen anderen Mann liebte, wartet Gott auf die Rückkehr und die Buße seiner Kinder, die gesündigt haben.

Deshalb müssen wir das Herz Gottes verstehen, das uns die Botschaft über die Hölle offenbart hat. Gott will uns keine Angst machen – er will nur, dass wir vom Elend der Hölle erfahren, gründlich Buße tun und erlöst werden. Die Botschaft über die Hölle ist ein Weg für ihn, um seiner brennenden Liebe zu uns Ausdruck zu verleihen. Wir müssen auch wissen, warum Gott die Hölle bereiten musste, damit wir sein Herz besser verstehen und die gute Nachricht noch mehr Menschen mitteilen können, um auch sie vor der ewigen Bestrafung zu retten.

Warum musste der Gott der Liebe die Hölle bereiten?

In 1. Mose 2, 7 heißt es: *„…da bildete Gott, der Herr, den Menschen, aus Staub vom Erdboden und hauchte in seine Nase Atem des Lebens; so wurde der Mensch eine lebende Seele.“*

Im Jahr 1983, ein Jahr, nachdem meine Gemeinde ihre Türen geöffnet hatte, zeigte Gott mir eine Vision der Schöpfung

247

Adams. Mit Liebe und Sorgfalt formte Gott Adam aus Lehm.
Dabei war er so freudig und glücklich wie ein Kind, das mit
seinem Lieblingsspielzeug oder seiner Lieblingspuppe spielt.
Nachdem Gott Adam sorgfältig geformt hatte, hauchte er den
Atem des Lebens in seine Nase. Weil wir den Atem des Lebens
von Gott, der Geist ist, erhalten haben, sind unser Geist und
unsere Seele unsterblich. Unser Fleisch, das aus Staub gemacht
ist, wird vergehen und wieder zu einer Handvoll Staub werden,
doch unser Geist und unsere Seele dauern auf ewig an.

Deshalb musste Gott Orte bereiten, wo diese unsterblichen
Geister wohnen können, und diese Orte sind der Himmel und
die Hölle. Wie in 2. Petrus 2, 9-10 geschrieben steht, werden
Menschen, die ein gottesfürchtiges Leben führen gerettet und in
den Himmel eintreten, doch die Ungerechten werden in der
Hölle bestraft:

> *... der Herr weiß die Gottseligen aus der*
> *Versuchung zu retten, die Ungerechten aber*
> *aufzubewahren für den Tag des Gerichts, wenn sie*
> *bestraft werden; besonders aber die, die in*
> *befleckender Begierde dem Fleisch nachlaufen und*
> *Herrschaft verachten...*

Gottes Kinder werden unter seiner ewigen Herrschaft im
Himmel leben. Deshalb ist der Himmel immer von Glück und
Freude erfüllt. Die Hölle hingegen ist ein Ort für all diejenigen,
die Gottes Liebe nicht angenommen, sondern ihn stattdessen
betrogen haben und Sklaven der Sünde geworden sind. In der

Hölle werden sie grausam bestraft werden. Doch warum musste der Gott der Liebe die Hölle bereiten?

Gott trennt den Weizen von der Spreu

Wie ein Farmer seine Samen aussät und die daraus entstehenden Pflanzen pflegt, hat Gott die Menschheit auf dieser Erde erschaffen, um wahre Kinder zu gewinnen. Wenn die Erntezeit gekommen ist, trennt er den Weizen von der Spreu und schickt den Weizen in den Himmel und die Spreu in die Hölle.

> *...seine Worfschaufel ist in seiner Hand, und er wird seine Tenne durch und durch reinigen und seinen Weizen in die Scheune sammeln, die Spreu aber wird er mit unauslöschlichem Feuer verbrennen. (Mt. 3, 12).*

Der „Weizen" steht hier für all die Menschen, die Jesus Christus angenommen haben, die versuchen Gottes Bild wieder herzustellen und nach seinem Wort leben. Die „Spreu" verweist auf diejenigen, die Jesus Christus nicht als ihren Retter angenommen haben, sondern die Welt lieben und dem Bösen nachfolgen.

So wie ein Farmer den Weizen in seine Scheune sammelt und die Spreu verbrennt oder als Dünger verwendet, bringt Gott den Weizen in den Himmel und wirft die Spreu in die Hölle.

Gott will sicher sein, dass wir über die Existenz des Hades

und der Hölle Bescheid wissen. Die Lava unter der Erdoberfläche und das Feuer dienen als Erinnerung an die ewige Bestrafung in der Hölle. Wenn es auf dieser Erde kein Feuer und keinen Schwefel gäbe, wie hätten wir uns dann die schrecklichen Szenen im Hades und in der Hölle vorstellen können? Gott hat diese Dinge erschaffen, weil sie für die Menschen notwendig sind.

Die Spreu wird in das Feuer der Hölle geworfen

Manche fragen vielleicht: „Warum hat der Gott der Liebe die Hölle bereitet? Warum kann er nicht auch die Spreu in den Himmel lassen?"

Die Schönheit des Himmels geht über jede Vorstellung oder Beschreibung hinaus. Gott, der Herr des Himmels, ist heilig, ohne jeden Makel oder Fehler, und deshalb wird er nur denen, die seinen Willen tun, erlauben, in den Himmel einzutreten (Mt. 7, 21). Wenn böse Menschen zusammen mit Menschen, die voller Liebe und Güte sind, im Himmel wären, wäre das Leben dort äußerst schwierig und unangenehm und der schöne Himmel würde nur beschmutzt werden. Deshalb musste Gott die Hölle bereiten, um den Weizen im Himmel von der Spreu zu trennen.

Ohne die Hölle wären die Gerechten und die Bösen gezwungen, zusammen zu leben. Wenn das der Fall wäre, wäre der Himmel zu einem Ort der Finsternis geworden, erfüllt mit Weinen und gequälten Schreien. Doch Gott hat die Menschen nicht erschaffen, um sie an einem solchen Ort leben zu lassen. Der Himmel ist ein Ort ohne Tränen, Kummer, Qual und Krankheiten, wo er mit seinen Kindern für immer in großer Liebe zusammenleben kann. Deshalb ist die Hölle notwendig, um die bösen und wertlosen Menschen – die Spreu – dauerhaft zu separieren.

In Römer 6, 16 heißt es: *„Wisst ihr nicht, dass, wem ihr euch zur Verfügung stellt als Sklaven zum Gehorsam, ihr dessen Sklaven seid, dem ihr gehorcht? Entweder Sklaven der Sünde zum Tod oder Sklaven des Gehorsams zur Gerechtigkeit?"*

Auch wenn sie es vielleicht nicht wissen, sind alle, die nicht gemäß dem Wort Gottes leben, Sklaven der Sünde und Sklaven unseres Feindes Satan und des Teufels. Auf dieser Erde werden sie von dem Feind Satan und dem Teufel kontrolliert, und nach ihrem Tod werden sie in die Hände der bösen Geister in der Hölle übergeben, wo sie alle möglichen Bestrafungen erhalten.

Gott belohnt jeden entsprechend seinen Werken

Unser Gott ist nicht nur der Gott der Liebe, der Barmherzigkeit und der Güte – er ist auch ein gerechter Gott, der jeden von uns entsprechend seinen Werken belohnt. In Galater 6, 7-8 lesen wir:

Irrt euch nicht, Gott lässt sich nicht verspotten!
Denn was ein Mensch sät, das wird er auch ernten.
Denn wer auf sein Fleisch sät, wird vom Fleisch

Verderben ernten; wer aber auf den Geist sät, wird vom Geist ewiges Leben ernten.

Wenn du Gebet und Lobpreis säst, wirst du durch die Kraft des Himmels dazu befähigt, nach dem Wort Gottes zu leben und deinem Geist und deiner Seele ergeht es wohl. Wenn du säst, indem du treue Dienste leistest, werden dein Geist, deine Seele und dein Körper gekräftigt. Wenn du durch deinen Zehnten oder dein Dankopfer Geld säst, wirst du finanziell noch reicher gesegnet, sodass du noch mehr für Gottes Reich und Gerechtigkeit aussäen kannst. Wenn du jedoch Böses säst, wird dir das genaue Ausmaß dieses Bösen zurückgezahlt. Wenn du Sünde und Gesetzlosigkeit säst, kommst du in Schwierigkeiten, auch wenn du ein Gläubiger bist. Ich hoffe, dass du das mit der Hilfe des Heiligen Geistes erkennst, damit du ewiges Leben erhältst.

In Johannes 5, 29 sagte Jesus: *„…die das Gute getan haben zur Auferstehung des Lebens, die aber das Böse verübt haben zur Auferstehung des Gerichts."* Und in Matthäus 16, 27 verheißt er uns: *„Denn der Sohn des Menschen wird kommen in der Herrlichkeit seines Vaters mit seinen Engeln, und dann wird er einem jeden vergelten nach seinem Tun."*

Mit makelloser Genauigkeit teilt Gott in seinem Gericht jedem für das, was er getan hat, den angemessenen Lohn bzw. die angemessene Strafe zu. Nicht Gott entscheidet, ob ein Mensch in den Himmel oder in die Hölle kommt. Die Entscheidung liegt bei jedem Menschen selbst, denn er hat einen freien Willen und wird ernten, was er sät.

Gott will, dass alle Menschen erlöst werden

Gott erachtet einen Menschen, der nach seinem Bild erschaffen wurde, als wichtiger als das ganze Universum. Deshalb will er, dass alle Menschen an Jesus Christus glauben und erlöst werden.

Gott freut sich noch mehr, wenn ein Sünder Buße tut

Mit dem Herzen des Hirten, der auf unwegsamen Straßen nach einem verlorenen Schaf sucht, obwohl er neunundneunzig bereits in Sicherheit hat (Lk. 15, 4-7), freut Gott sich mehr über einen einzigen Sünder, der Buße tut, als über neunundneunzig gerechte Menschen, die keine Buße tun müssen.

David schrieb: *„So fern der Osten ist vom Westen, hat er von uns entfernt unsere Vergehen. Wie sich ein Vater über Kinder erbarmt, so erbarmt sich der Herr über die, die ihn fürchten."* (Ps. 103, 12-13). Und in Jesaja 1, 18 verspricht Gott uns: *„Kommt denn und lasst uns miteinander rechten! spricht der Herr. Wenn eure Sünden rot wie Karmesin sind, wie Schnee sollen sie weiß werden. Wenn sie rot sind wie Purpur, wie Wolle sollen sie werden."*

Gott ist das Licht selbst, in ihm gibt es keine Finsternis. Er ist auch die Güte selbst und hasst die Sünde, doch wenn ein Sünder vor ihn kommt und Buße tut, gedenkt er seiner Sünden nicht mehr. Stattdessen schließt Gott in seiner grenzenlosen Vergebung und seiner warmen Liebe den Sünder in die Arme und segnet ihn.

Wenn du Gottes erstaunliche Liebe auch nur annähernd verstehst, solltest du jedem Menschen mit wirklicher Liebe begegnen. Du solltest Mitleid mit denen haben, die auf das Feuer der Hölle zusteuern, für sie beten und ihnen die gute Nachricht überbringen. Du solltest Menschen besuchen, deren Glaube schwach ist und ihn stärken, damit sie fest stehen.

Wenn du keine Buße tust

1. Timotheus 2, 4 sagt uns, dass Gott will, *„dass alle Menschen gerettet werden und zur Erkenntnis der Wahrheit kommen."* Gott will unbedingt, dass alle Menschen ihn kennen, erlöst werden und an den Ort kommen, wo er ist. Gott ist besorgt um jeden Einzelnen und wartet darauf, dass die Menschen, die in Finsternis und Sünde leben, sich ihm zuwenden.

Doch obwohl Gott den Menschen unzählige Möglichkeiten gegeben hat, Buße zu tun, und sogar soweit ging, seinen eigenen Sohn am Kreuz zu opfern – wenn sie nicht Buße tun und sterben, gibt es für sie nur noch einen Weg. Gemäß dem Gesetz der geistlichen Welt werden sie ernten, was sie gesät haben. Ihnen wird entsprechend dem zurückgezahlt werden, was sie getan haben, und am Ende werden sie in die Hölle geworfen.

Ich hoffe, dass du die erstaunliche Liebe und die Gerechtigkeit Gottes erkennst, damit du Jesus Christus annimmst und Vergebung erhältst. Lebe und verhalte dich gemäß dem Willen Gottes, damit du im Himmel leuchtest wie die Sonne.

Verkünde kühn das Evangelium

Die Menschen, die von der Existenz von Himmel und Hölle wissen und wirklich daran glauben, können nicht anders, als das Evangelium zu verkünden, denn sie kennen das Herz Gottes, der will, dass alle Menschen erlöst werden, nur zu gut.

Wenn die gute Nachricht nicht verbreitet wird

In Römer 10, 14-15 lesen wir, dass Gott die lobt, die die gute Nachricht verkündigen:

> *Wie sollen sie nun den anrufen, an den sie nicht geglaubt haben? Wie aber sollen sie an den glauben, von dem sie nicht gehört haben? Wie aber sollen sie hören ohne einen Prediger? Wie aber sollen sie predigen, wenn sie nicht gesandt sind? Wie geschrieben steht: ‚Wie lieblich sind die Füße derer, die Gutes verkündigen!‘*

In 2. Könige 5 steht eine Geschichte über Naaman, den Heerobersten des Königs von Aram. Naaman war vor seinem Herrn ein bedeutender und angesehener Mann, denn er hatte sein Land viele Male gerettet. Er gewann Ruhm und Reichtum und es mangelte ihm an nichts. Doch Naaman hatte Lepra. Zu dieser Zeit war Lepra eine unheilbare Krankheit und wurde als Fluch des Himmels angesehen. Deshalb waren Naamans Wagemut und sein Reichtum nutzlos für ihn. Auch sein König konnte ihm nicht helfen.

Kannst du dir vorstellen, wie es im Herzen Naamans aussah, als er beobachtete, wie sein einst gesunder Körper Tag für Tag verblühte und verfiel? Sogar die Mitglieder seiner eigenen Familie hielten sich von ihm fern, denn sie fürchteten, sie könnten sich mit der Krankheit anstecken. Wie machtlos und hilflos muss Naaman sich gefühlt haben!

Doch Gott hatte einen guten Plan für Naaman, den heidnischen Befehlshaber. Da war ein junges Mädchen, das in Israel gefangen genommen worden war und nun Naamans Frau diente.

Naamans Heilung

Obwohl die Dienerin noch ein junges Mädchen war, wusste sie, wie Naamans Problem gelöst werden konnte. Das Mädchen glaubte, dass Elisa, ein Prophet in Samaria, die Krankheit ihres Herrn heilen könne. Kühn verkündete sie ihrem Herrn, wie Gottes Kraft durch Elisa sichtbar wurde. Sie hielt ihren Mund nicht verschlossen, insbesondere nicht über Dinge, an die sie großen Glauben hatte. Nachdem er diese Neuigkeiten gehört hatte, nahm Naaman ein Opfer mit sich und machte sich auf den Weg zu dem Propheten.

Was glaubst du, geschah mit Naaman? Er wurde durch die Kraft Gottes, der mit Elisa war, vollkommen geheilt. Er bekannte sogar: „...*ich habe erkannt, dass es keinen Gott auf der ganzen Erde gibt als nur in Israel.*" (2. Könige 5:15). Naaman war nicht nur von seiner Krankheit geheilt, auch das

Problem in seinem Geist war gelöst.

Zu dieser Geschichte sagt Jesus in Lukas 4, 27: *„Und viele Aussätzige waren zur Zeit des Propheten Elisa in Israel, und keiner von ihnen wurde gereinigt als nur Naaman, der Syrer."* Warum konnte nur der heidnische Naaman geheilt werden, wo es doch noch viele andere Leprakranke in Israel gab? Weil Naaman wirklich ein gutes Herz hatte und demütig genug war, um auf den Rat anderer Menschen zu hören. Obwohl Naaman ein Heide war, bereitete Gott den Weg der Erlösung für ihn, weil er ein guter Mensch war, ein treuer General seines Königs und ein Diener, der die Menschen seines Volkes so sehr liebte, dass er sogar sein Leben für sie hingegeben hätte.

Wenn das Mädchen Naaman jedoch nicht von der Kraft Elisas berichtet hätte, wäre er gestorben, ohne geheilt zu werden, geschweige denn, Erlösung zu erhalten. Das Leben eines edlen und wertvollen Kriegers hing von den Lippen eines kleinen Mädchens ab.

Verkünde kühn das Evangelium

Genauso wie es bei Naaman der Fall war, warten auch viele Menschen um dich herum darauf, dass du deinen Mund öffnest. Sie leiden unter vielen Schwierigkeiten des Lebens und rücken jeden Tag ein Stück näher an die Hölle heran. Wie bedauernswert wäre es, wenn sie nach einem solch schwierigen Leben auf der Erde auch noch auf ewig gequält würden? Deshalb müssen die Kinder Gottes solchen Menschen kühn das Evangelium verkünden.

Es ist für Gott ein Anlass zu großer Freude, wenn Menschen, die zum Sterben verurteilt waren, durch die Kraft des Herrn das Leben bekommen, und Menschen, die unter etwas litten, frei werden. Er wird auch dafür sorgen, dass sie glücklich und gesund sind und ihnen sagen: „Du bist mein Kind, das meinen Geist erfrischt." Darüber hinaus will er ihnen helfen, einen Glauben zu erlangen, der groß genug ist, dass sie in die herrliche Stadt des neuen Jerusalem eintreten können, wo der Thron Gottes steht. Und wären nicht auch die Menschen, die durch dich von der guten Nachricht gehört und Jesus Christus angenommen haben, sehr dankbar für das, was du für sie getan hast?

Wenn Menschen in diesem Leben keinen Glauben haben, der groß genug ist, dass sie gerettet werden können, bekommen sie keine „zweite Chance" mehr, wenn sie erst in der Hölle sind. Inmitten ewigen Leidens und ewiger Qualen können sie nur noch für immer und ewig bedauern und klagen.

Dafür, dass du das Evangelium hören und den Herrn annehmen konntest, waren unermessliche Opfer und die Hingabe unzähliger Väter des Glaubens nötig, die mit Schwertern getötet wurden, hungrigen wilden Tieren zum Opfer fielen oder für die Verkündigung der guten Nachricht zu Märtyrern wurden.

Was solltest du nun, da du weißt, dass du vor der Hölle gerettet wurdest, tun? Du musst dein Bestes tun, um noch viele weitere Seelen vor der Hölle zu retten und in die Arme des Herrn zu führen. In 1. Korinther 9, 16 sprach Paulus mit brennendem Herzen über seine Mission: „*Denn wenn ich das Evangelium verkündige, so habe ich keinen Ruhm, denn ein*

Zwang liegt auf mir. Denn wehe mir, wenn ich das Evangelium nicht verkündigte!"

Ich hoffe, dass dein Herz für den Herrn brennt und dass du in die Welt hinausgehst und viele Seelen vor der ewigen Bestrafung in der Hölle rettest.

Durch dieses Buch hast du einiges über den ewigen, schrecklichen und elenden Ort namens Hölle erfahren. Ich bete, dass du die Liebe Gottes spürst, der auch nicht einen Menschen verlieren will, und dass du in deinem christlichen Leben wachsam bleibst und das Evangelium jedem verkündest, der es hören muss.

In den Augen Gottes bist du kostbarer als die ganze Welt und wertvoller als alles im ganzen Universum zusammen, weil du nach seinem Bild erschaffen wurdest. Deshalb darfst du kein Sklave der Sünde werden, der sich Gott widersetzt und in der Hölle endet, sondern musst ein wahres Kind Gottes sein, das im Licht wandelt und gemäß der Wahrheit handelt und lebt.

Mit derselben Freude, die Gott hatte, als er Adam erschuf, wacht er auch heute über dich. Er will, dass du ein wahrhaftiges Herz bekommst, schnell im Glauben reifst und das volle Maß der Fülle Christi erreichst.

Im Namen des Herrn bete ich, dass du Jesus Christus sofort annimmst und als ein kostbares Kind Gottes den Segen und die Autorität erhältst, um das Salz und das Licht der Erde zu sein und unzählige Menschen in die Erlösung zu führen!

Der Autor:
Dr. Jaerock Lee

Dr. Jaerock Lee wurde 1943 in Muan in der Provinz Jeonnam in der Republik Korea geboren. Im Alter zwischen 20 und 30 Jahren litt Dr. Lee sieben Jahre lang unter vielen unheilbaren Krankheiten und wartete nur noch auf den Tod, denn Hoffnung auf Heilung gab es nicht. Eines Tages im Frühling 1974 nahm ihn allerdings seine Schwester mit in eine Kirche und als er sich zum Gebet hinkniete, heilte ihn der lebendige Gott sofort von all seinen Krankheiten.

Seit Dr. Lee dem lebendigen Gott auf diese wunderbare Art und Weise begegnete, liebt er Ihn aufrichtig und von ganzem Herzen. Im Jahr 1978 wurde er zum Diener Gottes berufen. Er betete eifrig, denn er wollte den Willen Gottes klar verstehen und erfüllen und dem gesamten Wort Gottes gehorchen. Im Jahr 1982 gründete er in Seoul die Manmin-Gemeinde und seither sind in seiner Gemeinde unzählige Werke Gottes, einschließlich herrlicher Heilungen und Wunder, geschehen.

Dr. Lee wurde 1986 auf der Jahresversammlung der koreanischen Jesusgemeinde in Sungkyul zum Pastor geweiht und vier Jahre später, 1990, begann die Übertragung seiner Botschaften in Australien, Russland, auf den Philippinen und in vielen anderen Ländern durch Rundfunkanstalten wie die *Far East Broadcasting Company*, die Asia Broadcast Station und das *Washington Christian Radio System*.

Drei Jahre später, 1993, wurde die Manmin-Gemeinde von der US-amerikanischen Zeitschrift Christian World zu einer der „Top 50-Gemeinden der Welt" gewählt und er erhielt vom Christian Faith College in Florida den Ehrendoktortitel; 1996 erhielt er den Doktortitel vom Kingsway Theological Seminary in Iowa.

Seit 1993 spielt Dr. Lee eine führende Rolle in der Weltmission durch viele Großevangelisationen in Übersee, zum Beispiel in Tansania, Argentinien, L.A., Baltimore City, Hawaii und New York City, in Uganda,

Japan, Pakistan, Kenia, auf den Philippinen, in Honduras, Indien, Russland, Deutschland, Peru, in der Demokratischen Republik Kongo in Israel und Estland. Im Jahr 2002 wählte ihn eine große christliche Zeitung in Korea aufgrund seines Dienstes bei verschiedenen Großevangelisationen zum „Weltweiten Pastor". Im Mai 2012 zählte die Manmin-Gemeinde über 120.000 Mitglieder. Es gibt in Korea und überall auf dem Globus verteilt 10.000 Tochtergemeinden. Bisher sind 129 Missionare in über 23 Länder entsandt worden, wie zum Beispiel in die Vereinigten Staaten, nach Russland, Deutschland, Kanada, Japan, China, Frankreich, Indien, Kenia und viele anderen Länder.

Zur Zeit dieser Veröffentlichung hat Dr. Lee 64 Bücher geschrieben, darunter Bestseller wie *Schmecket das ewige Leben vor dem Tod, Mein Leben, Mein Glaube: Teil 1 und 2, Die Botschaft vom Kreuz, Das Maß des Glaubens, Der Himmel: Teil 1 und 2, Die Hölle* und *Die Kraft Gottes*. Seine Werke sind in über 73 Sprachen übersetzt worden.

Seine christlichen Kolumnen erscheinen in *The Hankook Ilbo, The JoongAng Daily, The Chosun Ilbo, The Dong-A Ilbo, The Munhwa Ilbo, The Seoul Shinmun, The Kyunghyang Shinmun, The Hankyoreh Shinmun, The Korea Economic Daily, The Korea Herald, The Shisa News* und *The Christian Press*.

Dr. Lee leitet derzeit viele Missionsorganisationen und -vereine in folgenden Positionen: Vorsitzender der United Holiness Church of Jesus Christ, Präsident von Manmin World Mission; ständiger Präsident von The World Christianity Revival Mission Association; Gründer und Aufsichtsrat vom Global Christian Network (GCN); Gründer und Aufsichtsrat vom The World Christian Doctors Network (WCDN) und Gründer und Aufsichtsrat von der Bibelschule Manmin International Seminary (MIS).

Der Himmel, Teil 1 und 2

Ein detailliertes Bild der herrlichen Lebensbedingungen, die die Bürger des Himmels genießen dürfen sowie eine wunderschöne Beschreibung der verschiedenen Ebenen des himmlischen Königreiches.

Mein Leben, Mein Glaube, Teil 1 und 2

Ein detailliertes Bild der herrlichen Lebensbedingungen, die die Bürger des Himmels genießen dürfen sowie eine wunderschöne Beschreibung der verschiedenen Ebenen des himmlischen Königreiches.

Die Botschaft vom Kreuz

Uma poderosa mensagem para despertar todas as pessoas que estão dormindo espiritualmente. Nesse livro podemos ver porque Jesus é o único Salvador e encontrar o verdadeiro amor de Deus.

Schmecket das ewige Leben vor dem Tod

Die Memoiren von Dr. Jaerock Lee mit seinem Zeugnis, wie er wiedergeboren und aus dem Tal des Todes errettet wurde und seither ein beispielhaftes Leben als Christ führt.

Das Maß des Glaubens

Welcher himmlische Ort, welche Siegeskränze und Belohnungen stehen im Himmel bereit? Dieses Buch schenkt Ihnen Weisheit und leitet Sie, so dass Sie Ihren Glauben messen und am besten gedeihen lassen können, damit er die größtmögliche Reife erlangt.